영어 학술 논문 작성을 위한 핸드북: 아이디어 작성에서 연구 보고에 이르기까지

저자약력:

이용직 (Yong-Jik Lee, Ph.D.)
미국) 인디애나주립대학교 테솔석사
미국) 플로리다대학교 ESOL/Bilingual 박사
현) 국립창원대학교 조교수

Yong-Jik Lee is an Assistant Professor at the Sarim Honors College(Interdisciplinary Studies), Changwon National University. He has extensive experience teaching courses across English language skills, educational technology, and teacher training at both undergraduate and graduate levels. Over the past several years, Dr. Lee has published multiple peer-reviewed articles annually in SCOPUS and SSCI-indexed journals, focusing on AI-assisted English learning, global competence, and innovative pedagogy. His research and teaching emphasize AI-enhanced curriculum design, digital literacy, and project-based learning to prepare students for global academic and professional environments.

김현진 (Hyunjin Jinna Kim, Ph.D.)
미국) 펜실베니아 주립대학교 테솔 석사
미국) 플로리다대학교 ESOL/Bilingual 박사
현) 웨스턴미시건대학교 조교수

Hyunjin Jinna Kim is an Assistant Professor of TESOL at Western Michigan University. She received her Ph.D. in ESOL/Bilingual Education from the University of Florida and her M.A. in TESL (Teaching English as a Second Language) from the Pennsylvania State University. Her research and work focus on promoting culturally and linguistically responsive pedagogy and advocacy for marginalized populations and social justice education in various educational settings, including teacher education and preparation, PreK-12 education, and postsecondary education. She studies issues related to minoritized linguistic, cultural, ethnic, and racial identities in education and explores ways to provide equitable and inclusive education. She is also the Editor-in-Chief of the International Journal of Transformative Teaching and Learning in Higher Education (IJTTL).

들어가며

「영어 학술 논문 작성을 위한 핸드북: 아이디어에서 연구 보고에 이르기까지」는 오랜 시간의 고민과 다양한 실무적 경험의 결실로 집필되었다. 교육자이자 연구자, 그리고 학자로서 저자들은 지식의 창출과 효과적인 소통의 과정이 얼마나 복잡하고 중요한지 깊이 인식하고 있다. 본 교재는 교육 연구와 영문 학술 논문 작성의 질적 향상을 향한 저자들의 진심 어린 열정에서 출발하였다.

미국에서 석·박사 과정을 마친 후, 저자들은 국내 대학원생들과 함께 다수의 연구를 수행할 기회를 가졌다. 이용직 교수(이하 이 교수)는 박사학위 취득 후 한국으로 돌아와 다양한 국제 학술지에 연구 결과를 발표해 왔으며, 김현진 교수(이하 김 교수)는 미국에 체류하며 여러 학과 및 다양한 분야의 전문가들과 교육 연구를 진행해 왔다.

박사 학위를 막 마친 시기, 저자들은 학위논문과 연구의 무게를 온몸으로 체감하였고, 그 과정에서 대학원생들이 신진 연구자로서의 여러 역할을 감당하며 국제 학술 논문 작성의 규범을 익히고자 고군분투하는 모습을 지켜보았다. 연구에 처음 입문한 이들과 협력하며, 저자들은 교육 분야에서의 체계적이고 엄밀한 연구 절차의 중요성을 실감하였다. 이 교수는 대학원생들의 논문 및 학위논문 발표에서 복잡한 도표와 시각 자료를 활용한 '화려한' 분석 방법을 접할 기회가 많았으나, 이론적 배경에 관한 기본적인 질문에는 답하지 못하는 모습을 발견하였다. 이는 이론적 토대가 취약한 채, 겉으로만 그럴듯해 보이는 피상적 연구에 머무른 사례였다. 김 교수 또한 미국에서 학부생 연구 프로젝트와 비전문가와의 협업을 통해, 체계적이고 표준화된 교육 연구의 절차와 과정이 기대만큼 잘 정립되어 있지 않음을 인식하게 되었다.

수년간의 관찰과 대학(원)생, 연구자들과의 협력 경험을 통해, 저자들은 교육 연구 및 학술적 글쓰기 영역에서 여전히 공백이 존재함을 확인하였다. 특히 미국에서의 연구 경험을 돌이켜보며, 교육 분야 학술 공동체에 첫발을 내딛는 이들을 실질적으로 지원할 수 있는 핸드북의 필요성을 실감하였다. 신진 연구자들이 경험하는 문화적·지식적 격차를 해소하고, 국제 학술 문화의 규범을 명확히 안내하는 자료의 필요성 역시 절감하였다.

본 교재의 목적은 연구와 학술적 글쓰기 과정을 명확히 설명하고, 학생들이 자신의 아이디어를 논리정연하게 표현할 수 있도록 실질적인 가이드라인을 제공하는 데 있다. 각 장은 교육 연구와 학술 논문 작성의 주요 단계를 체계적으로 다루며, 실용적인 통찰, 실행 가능한 조언, 그리고 구체적 사례를 아울러 제시한다. 교육적 문제 인식부터 연구 질문 도출, 서론 작성, 적합한 연구 방법 선택, 결과 도출, 논의 및 결론에 이르기까지, 본 핸드북은 연구와 국제 학술 논문 작성의 모든 과정에서 실질적이고 적용 가능한 도움을 제공할 것이다.

본 핸드북은 다음의 목표 달성을 위해 기획되었다.
 - 대학원 학위 취득을 넘어선 의미 있는 연구 경험을 강조한다
 - 교육 연구 및 학술적 글쓰기의 패러다임 변화를 촉신한다
 - 우수한 연구를 위한 체계적 절차와 방향성을 제시한다
 - 윤리적 연구의 중요성을 부각한다
 - 신진 연구자들이 수준 높은 논문을 작성하고, 국제적 연구자로 성장할 수 있도록
   지원한다

저자들은 학문적 엄격성을 바탕으로 책을 집필하면서도, 교육 연구 및 학술적 글쓰기에 정답이나 만능의 해법이 없음을 인정한다. 저자들이 공유하는 경험과 교훈, 실용적 조언이 여러분의 학술적 여정에 실질적 공감과 도움이 되기를 진심으로 바란다. 이 핸드북이 단순한 안내서가 아닌, 멘토와 멘티의 대화처럼 느껴지길 희망한다. 지식을 확장하고 역량을 계발하며, 어려움을 극복하고, 나아가 변화하는 교육 연구 환경에서 영감을 얻는 데 본서를 활용하시기 바란다. 이 핸드북이 창의적 연구 아이디어의 도출부터 연구 결과의 성공적 발표에 이르기까지 여러분의 여정에 함께하길 바라며, 의미 있고 성취감 있는 학술적 경험이 되기를 진심으로 기원한다.

각자의 연구실에서

국립창원대학교 이용직
미국) 웨스턴미시간대학교 김현진

목차

Part Ⅰ: 학술적인 영어 글쓰기와 교육 연구

1장. 학술적 영어 글쓰기란 무엇인가? 8
2장. 교육 연구 수행하기...18
3장. 교육 연구에서 학술적 영어 글쓰기 28
4장. 연구 절차 36
5장. 연구 윤리 42

Part Ⅱ: 연구 절차별 가이드라인

6장. 글쓰기 이전의 고려사항 52
7장. 계획 수립 및 준비 단계 60
8장. 연구문제 설정: 문제해결형 연구 방법 68
9장. 이론적 기반 확립 82
10장. 포괄적 문헌 검토 94
11장. 단순 도구를 넘어선 연구 방법론 110
12장. 연구 결과 및 결과 제시 기법 126
13장. 마무리: 논의 및 결론 작성 136

PART Ⅲ: 연구 및 학술적 영어 글쓰기 심화

14장. 학술적 영어 글쓰기 및 교육 연구를 위한 자기 점검 목록 152
15장. 학위논문을 넘어선 연구 결과 확산 158
16장. 연구자 역량 개발 164

참고문헌 172

PART 1 : 학술적인 영어 글쓰기와 교육 연구

1장. 학술적 영어 글쓰기란 무엇인가?

1장. 학술적 영어 글쓰기란 무엇인가?

도입 질문

- 학술적 영어 글쓰기를 어떻게 정의할 수 있는가?
- 학술적 영어 글쓰기의 주요 특징과 특성은 무엇인가?
- 학술적 영어 글쓰기 역량이 자신의 연구 목표 달성에 어떠한 기여를 할 수 있는가?

학습 목표

- 학술적 영어 글쓰기의 구성 요소와 특성을 명확히 정의하고, 이를 식별한다.
- 자신의 연구 목적 및 목표와 연계하여 학술적 영어 글쓰기의 의미를 논리적으로 설명한다.
- 학술적 영어 글쓰기의 관점에서 자신의 연구 목적과 목표를 분석·평가한다.

학술적 영어 글쓰기의 정의

학술적 영어 글쓰기는 보고서, 학위논문, 학술논문 등 다양한 형식을 포괄하는 글쓰기 장르로, 명확성과 정확성, 그리고 지식과 아이디어의 효과적 전달을 중시하는 문체적·구조적 규범을 따른다. 이러한 글쓰기는 포괄적인 연구, 체계적인 분석, 그리고 정밀한 표현을 결합함으로써 학문적 담론의 발전과 새로운 발견을 위한 핵심적인 통로 역할을 한다.

학술적 영어 글쓰기의 특성과 특징

격식과 어조
학술적 영어 글쓰기는 개인적 편견을 배제하고, 일상적이거나 비격식적인 표현을 지양하는 격식 있고 객관적인 어조를 요구한다. 특히 학술적 맥락에 맞는 어휘 선택과 수동태 구문을 활용하여 공정성과 객관성을 유지하는 것이 일반적이다. 예를 들어, '내가 실험을 실시했다'보다는 '실험이 수행되었다'와 같은 표현이 선호된다.

구조와 조직
학술 텍스트는 서론, 본론, 결론 등 일관성 있는 구조를 갖추어야 하며, 각 부분은 논리적으로 연결되어 전체 글의 흐름과 명확한 전개를 보장해야 한다. 에세이의 경우 전형적으로 '5단락 구조'(서론 1단락, 본론 3단락, 결론 1단락)가 사용되며, 연구 논문에서는 연구 질문 제시, 연구 방법론, 결과, 논의, 결론의 순으로 구성된다. 각 단락 역시 서론-본론-결론의 구조를 갖추는 것이 효과적이다.

증거 기반
학술적 글쓰기는 경험적 증거나 관련 문헌에 근거하여 주장을 전개하는 것이 핵심이다. 모든 주장은 반드시 신뢰할 수 있는 근거와 자료로 뒷받침되어야 하며, 이는 논증적 글쓰기의 기본 원칙이다. 예를 들어, 변수 간의 관계를 설명할 때는 기존 연구 결과나 통계 자료를 명확히 제시해야 한다.

정확성과 명확성
정확한 언어 사용과 명확한 전달은 학술적 글쓰기에서 가장 중요한 요소 중 하나이다. 예를 들어, '그 약물은 어느 정도 효과적이었다'와 같이 모호하게 표현하기보다는, '그 약물은 증상을 30% 감소시켰다'와 같이 구체적으로 서술해야 한다. 또한, 학술적 글쓰기는 대체로 길이가 길고 일방향적 소통이기 때문에, 독자가 오해하거나 혼동하지 않도록 더욱 명확한 표현이 요구된다. 이는 질문이나 피드백이 실시간으로 이루어지지 않는 학술 커뮤니케이션의 특성과도 연관된다.

인용과 참고문헌

APA, MLA, Chicago 등 특정 인용 스타일을 철저히 준수하고, 모든 출처를 명확히 표기하는 것은 학문적 진실성과 투명성을 보장한다. 인용 규범은 각 학문 분야별로 다소 상이하며, 세부적인 규정까지 엄격히 지키는 것이 학술 공동체에서 기대된다. 인용 오류나 부주의는 문법 실수와 마찬가지로 작성자의 전문성에 대한 의심을 불러일으킬 수 있으므로, 자신의 연구 분야에서 요구하는 인용 스타일을 정확히 이해하고 적용하는 태도가 필수적이다.

이와 같이 학술적 영어 글쓰기는 객관성, 구조적 일관성, 증거 기반 논증, 명확성, 그리고 정확한 인용 등 다양한 특성을 종합적으로 갖추어야 하며, 이는 연구자의 지식과 아이디어가 학문 공동체에 신뢰성 있게 전달되는 데 중요한 역할을 한다.

학술적 영어 글쓰기 스타일의 다양성

학술적 영어 글쓰기는 독자적이고 고유한 장르이지만, 그 안에는 여러 다양한 스타일이 존재한다. 실제로, 단일한 학술 글쓰기 작업에서도 다양한 스타일이 유기적으로 결합되어 나타나는 경우가 많다.

분석적 글쓰기
분석적 글쓰기는 특정 주제나 개념을 구성하는 다양한 요소를 검토하고 해석하는 데 초점을 둔다. 예를 들어, 기후변화에 관한 분석 논문은 그 원인, 영향, 그리고 잠재적 완화 전략 등을 세밀하게 해부하여 각 요소를 체계적으로 분석할 수 있다.

설득적 글쓰기
설득적 글쓰기는 논증적 에세이나 연구 제안서 등에서 주로 활용되며, 독자를 특정 관점이나 입장으로 이끌고자 한다. 예를 들어, 재생에너지 도입의 필요성을 주장하는 글은 관련 기술의 이점과 실현 가능성에 대한 근거와 증거를 제시하여 독자를 설득한다.

서술적 글쓰기
서술적 글쓰기는 과정, 현상, 연구 방법 등을 체계적으로 설명함으로써, 독자가 특정 주제에 대해 필수적인 정보를 이해할 수 있도록 돕는다.

비판적 글쓰기
비판적 글쓰기는 이론, 방법론, 또는 연구 결과에 대한 평가적·분석적 시각을 기반으로 하며, 주제에 대한 깊이 있는 검토와 맥락적 해석을 요구한다.

이처럼, 대부분의 학술 글쓰기 작업은 위에서 제시한 모든 스타일을 어느 정도 통합하고 있으며, 이러한 복합적 통합은 작성자의 글쓰기 역량과 연구 주제에 대한 심층적 이해를 반영한다.

학술적 영어 글쓰기: 도전과 해결책

대학원생 등 초보 연구자들은 종종 정보의 종합, 객관성 유지, 그리고 학술적 문체의 규범 준수에서 어려움을 경험한다. 이러한 도전을 극복하기 위한 몇 가지 방안을 아래와 같이 제시할 수 있다.

폭넓은 읽기
문헌 검토와 같은 학술 텍스트의 철저한 읽기를 통해 다양한 글쓰기 스타일과 전략을 내면화해야 한다.

성찰적 글쓰기
앞서 언급했듯이, 학술 글쓰기는 본질적으로 일방적인 의사소통이다. 실제 대면 대화와 달리 즉각적인 질의응답이나 비언어적 피드백이 어려우므로, 작성자는 자신의 글을 스스로 점검하고 개선하는 성찰적 태도를 지녀야 한다.

쓰기와 다시 쓰기
영향력 있는 글쓰기는 단번에 완성되지 않는다. 초안을 반복적으로 수정하는 과정을 통해 글의 구조와 논리를 정교하게 다듬어야 하며, 이는 성찰적 글쓰기와 긴밀하게 연계된다.

도구와 자원 활용
동료 연구자나 멘토로부터의 피드백을 적극적으로 수용하고, 인용 생성기, AI 문법 검사기 등 다양한 기술적 도구를 활용함으로써 글쓰기의 정확성과 일관성을 높일 수 있다.

정리

학술 글쓰기는 특유의 규범과 다양한 스타일을 바탕으로 학문적 담론, 지식 전파, 그리고 지적 탐구의 기반을 제공한다. 이러한 복잡한 글쓰기의 세계를 효과적으로 탐색하려면, 장르적 규범을 이해하고 내재화하며, 의사소통 목적에 부합하는 글쓰기 전략을 적절히 선택할 수 있어야 한다. 지속적인 연습, 적극적인 피드백 수용, 다양한 자원의 활용을 통해 글쓰기 역량을 발전시킬 때, 학술 담론에 의미 있는 기여를 할 수 있다.

전문성 발전을 위한 학술적 영어 글쓰기

학술 글쓰기는 교육 및 연구 맥락에서 독특한 위치를 차지하는 필수 역량으로, 정확성, 구조성, 그리고 증거 기반 접근을 바탕으로 다양한 목적에 활용될 수 있는 핵심 기술 집합을 형성한다. 학술 글쓰기 능력을 함양하는 것은 교육 현장에서의 역량 강화는 물론, 개인적 및 전문적 삶에서도 실질적인 이점을 제공한다.

신뢰성과 권위
학술 글쓰기는 검증된 사실, 논리, 비판적 사고의 전개를 중심으로 이루어진다. 따라서 학술적으로 글을 작성할 수 있는 능력은 작성자에게 신뢰성과 전문적 권위를 부여한다. 신진 연구자에게 이러한 능력은 학문적 정체성의 형성은 물론, 연구자로서의 명성 제고에도 크게 기여한다.

명확성과 정확성
학술 글쓰기는 명확성에 대한 엄격한 기준을 강조한다. 간결한 언어 사용, 체계적인 구조, 논리적 전개를 통해 복잡한 아이디어를 효과적으로 전달하는 방법을 익히게 된다. 이러한 역량은 계약서, 비즈니스 메모, 마케팅 자료 작성 등과 같이 명확한 의사소통이 성공의 핵심이 되는 전문적 환경에서 특히 중요하게 작용한다. 또한 명확하고 정확한 커뮤니케이션은 조직 내에서 모든 구성원이 동일한 정보를 공유할 수 있도록 하여, 포용적이고 협력적인 팀 문화를 조성하는 데에도 기여한다.

비판적 사고와 분석
학술 글쓰기는 표면적 정보에 그치지 않고, 다양한 자료와 관점을 비판적으로 평가하는 분석적 사고력을 키운다. 출처의 신뢰성에 의문을 제기하고, 다양한 시각을 탐색하며, 증거를 체계적으로 평가하는 과정을 통해 비판적 사고 능력이 강화된다. 이는 개인적 의사결정의 질을 높이고, 정보에 기반한 선택과 더 깊은 통찰을 가능하게 한다. 또한 사회적 문제의 본질을 파악하고, 변화와 혁신을 주도할 수 있는 창의적 해결책을 모색하는 데에도 기여한다.

평생 학습
학술 글쓰기에 필수적인 연구 활동은 지속적인 학습 욕구를 촉진한다. 문헌 검토, 데이터 분석 등 다양한 탐구 과정을 거치면서 지식에 대한 꾸준한 탐구 습관이 내면화된다. 이러한 태도는 개인적 성장으로 이어질 뿐만 아니라, 새로운 아이디어와 경험에 대한 개방성을 유지하도록 한다. 전문적 차원에서는 변화하는 최신 동향에 능동적으로 대응할 수 있는 역량을 갖추게 하며, 자신의 분야에서 선도적인 역할을 수행하는 데에도 큰 도움이 된다.

전이 가능한 기술

학술 글쓰기는 단순한 글쓰기 능력을 넘어, 연구 기획, 시간 관리, 체계적 조직화, 그리고 규정 준수와 같은 다양한 전이 가능한 역량을 발전시킨다. 예를 들어, 논문 작성 과정에서 습득한 연구 및 분석 능력은 비즈니스 환경에서 시장 조사나 경쟁사 분석에 효과적으로 적용될 수 있다. 또한 프로젝트 관리와 시간 관리 기술은 미루는 습관을 방지하고, 개인의 일상과 업무를 효율적으로 조직하는 데에 크게 기여한다.

정리

학술 글쓰기는 종종 연구자나 학자만의 도구로 여겨지지만, 그 원칙과 역량은 훨씬 더 넓은 범위에 적용될 수 있다. 학술 글쓰기의 핵심 원칙들을 내재화함으로써, 개인은 비판적 분별력과 전문적 역량을 동시에 강화할 수 있다. 정보가 넘쳐나는 현대 사회에서 지식을 비판적으로 평가하고, 구조화하며, 효과적으로 소통하는 능력은 단순한 경쟁력을 넘어 필수적인 역량임을 인식해야 할 것이다.

성찰 질문

자신에게 더 친숙하거나 덜 친숙한 학술 글쓰기 유형은 무엇인가?

이번 장에서 학술 글쓰기에 대해 새롭게 알게 된 점은 무엇인가?

이러한 학습이 학술 글쓰기 역량 개발 계획에 어떤 시사점을 제공하는가?

학술 글쓰기 역량을 개발하는 것이 개인적 및 전문적 성장에 어떠한 영향을 미칠 수 있는가?

Personal goals	Professional goals
Having work-life balance: • *Time management* • *Planning*	*Publishing in a top-tier journal:* • *Persistence* • *Goal setting*
Time management Analytical skills Problem-solving Decision-making Classifying Coordinating Creative thinking Goal setting	Organization Critical thinking Communication Researching Evaluating skills Persistence Planning Project management
Academic writing skills	

표1) 학문직 글쓰기를 위한 준비

PART 1 : 학술적인 영어 글쓰기와 교육 연구
2장. 교육 연구 수행하기

2장. 교육 연구 수행하기

도입 질문

- 교육 연구 수행에 대해 현재 무엇을 알고 있는가?
- 교육 연구는 타 연구 접근법과 어떤 차별성을 지니는가?
- 교육 연구에 필요한 절차 중, 자신에게 부족하다고 느끼는 부분은 무엇인가?

학습 목표

- 교육 연구 수행을 위한 다양한 접근법을 도표로 정리한다.
- 교육 연구를 성공적으로 수행하는 데 필요한 핵심 지식과 기술을 설명한다.

교육 연구의 방법론적 접근법

교육 연구에서는 다양한 방법론적 접근법이 활용되며, 대표적으로 양적 연구, 질적 연구, 그리고 혼합 방법 연구가 있다. 각 접근법의 선택은 연구자의 철학, 연구 질문의 유형, 연구 목표에 따라 달라지며, 각 방법론은 고유한 장점과 한계점을 동시에 지닌다.

양적 연구

양적 연구는 수치화된 데이터와 통계적 분석을 바탕으로 현상을 탐구한다. 주로 집단 간의 패턴, 관계, 또는 차이를 식별하는 데 중점을 두며, 경험적이고 객관적인 데이터로 연구의 타당성을 입증한다. 예를 들어, 학생 출석률과 학업 성취도 간의 상관관계를 통계적으로 분석함으로써 패턴이나 인과관계를 밝힐 수 있다.

질적 연구

질적 연구는 참여자의 경험, 인식, 그리고 맥락적 해석에 초점을 맞춘다. 인터뷰, 관찰, 내용 분석 등 다양한 질적 방법을 활용하여 교육 현상의 본질적 의미를 심층적으로 탐색한다. 예를 들어, 원격 학습 기간 동안 교사가 직면한 경험과 도전을 심층 인터뷰를 통해 조사할 수 있다.

혼합 방법 연구

혼합 방법 연구는 양적과 질적 접근법을 결합하여 각 방법의 강점을 극대화한다. 예를 들어, 교육적 개입의 효과를 분석할 때, 시험 점수 변화와 같은 정량적 데이터를 수집함과 동시에, 개입에 대한 학생 및 교사의 경험과 인식을 심층적으로 탐구함으로써 보다 포괄적이고 입체적인 연구 결과를 도출할 수 있다.

교육 연구의 데이터 수집

연구 질문에 답하기 위해서는 다양한 데이터 수집 방법이 활용될 수 있다. 본 교재에서는 세부적인 연구 방법론의 깊이 있는 논의보다는, 교육 연구에서 널리 사용되는 기본적 데이터 수집 방법을 간략히 소개하고자 한다.

방법론과 연구 질문의 정렬
예를 들어, 팬데믹 기간 동안 학교 폐쇄가 사회경제적 지위(Socioeconomic Status, SES)와 원격 학습에 미치는 영향을 연구할 때, 양적 연구는 SES, 기술 접근성, 학업 성과 등 다양한 변인에 대한 설문조사 자료를 수집하여 연구 질문을 정량적으로 탐색하는데 효과적이다.

데이터 수집 도구의 선택과 실행
연구 설계의 타당성과 실행 가능성을 보장하기 위해 데이터 수집 도구의 선택과 구현은 신중하게 계획되어야 한다.

설문조사와 질문지
양적 연구에서는 다양한 학습 플랫폼에서의 학생 참여 수준 등 대규모 데이터를 수집하기 위해 설문조사 및 질문지가 활용된다.

인터뷰와 포커스 그룹
질적 연구에서는 참가자의 경험과 인식을 심층적으로 이해하기 위해 개별 인터뷰나 포커스 그룹이 사용된다.

관찰
연구자는 교실 역학, 교수법, 학생 참여 등 현장 현상을 직접 관찰하여 의미 있는 자료를 수집할 수 있다.

데이터 관련성 확보
수집된 데이터의 질과 연구 질문과의 관련성을 확보하는 것은 연구 결과의 신뢰성과 타당성에 필수적이다.

파일럿 테스트
본격적인 데이터 수집 전에 설문지나 인터뷰 프로토콜 등을 사전 시험하여 도구의 명확성과 유효성을 검증한다.

지속적 모니터링

데이터 수집 과정 전반에 걸쳐 계획된 절차를 지속적으로 점검하고, 예상치 못한 문제 발생 시 적절히 조정한다.

데이터 삼각측량

주로 질적 연구에서 활용되며, 여러 방법과 데이터 소스를 통해 다양한 관점의 자료를 수집함으로써 연구 결과의 신뢰성을 높인다.

이와 같이, 교육 연구에서는 연구 목적과 질문에 부합하는 적절한 방법론을 선정하고, 신중한 데이터 수집 및 관리 절차를 통해 견고하고 의미 있는 연구 결과를 도출할 수 있다.

교육 연구에서 데이터 분석과 해석

데이터가 수집된 후에는, 충분한 시간을 들여 신중하게 데이터를 분석하고 해석하는 과정이 필수적이다. 앞서 언급한 바와 같이, 본 교재에서는 포괄적인 데이터 분석 전략을 제시하기보다는, 연구 수행과정의 다양한 단계와 그 의미를 간략히 소개하고, 후속 장에서 학술 글쓰기와 관련된 구체적 전략을 안내하고자 한다.

데이터 분석 전략

데이터 분석은 연구 결과가 타당하고 신뢰할 수 있도록 엄밀하게 실행되어야 한다. 예를 들어, 학급 규모가 학습자 성과에 미치는 영향을 탐구하는 양적 연구에서는 적절한 통계 분석을 신중하게 선택하고, 데이터 처리 과정 전반에 걸쳐 정확성을 유지해야 한다.

타당성과 신뢰성 확보
연구 결과의 타당성(연구 현상을 정확히 반영하는 정도)과 신뢰성(측정의 일관성과 재현 가능성)을 확보하는 것은 매우 중요하다. 견고한 데이터 수집 도구를 사용하고, 분석을 세심하게 수행하며, 결과를 다양한 방법으로 검증하는 과정이 신뢰성을 높이는 데 기여한다. 특히 질적 연구에서는 신뢰도(trustworthiness) 개념을 바탕으로 타당성과 신뢰성을 확립한다.

연구 결과의 공유와 활용
분석이 완료되고 신뢰성이 검증된 연구 결과는 학술 저널, 학회, 또는 다양한 디지털 플랫폼을 통해 적극적으로 공유되어야 한다. 이를 통해 연구 결과가 실제 교육 현장이나 정책에 반영될 수 있으며, 지식의 실질적 활용과 교육 현장의 개선에 기여할 수 있다.

교육 연구의 윤리적 고려와 연구자 역할
교육 연구를 수행하는 과정에서는 방법론적 혁신뿐만 아니라, 연구 윤리 준수와 분석적 엄격성이 함께 요구된다. 연구자는 연구 과정 전반에 걸쳐 참가자의 권리와 존엄성을 존중하고, 견고하고 신뢰할 수 있는 분석을 통해 실질적 통찰력을 제공해야 한다. 이는 교육 현장의 실천 개선, 정책 수립, 다양한 교육적 맥락에서의 학습 경험 향상에 중요한 역할을 한다. 학술 글쓰기 역량을 꾸준히 개발하는 것은 이러한 지식의 보급과 확산에 있어 중요한 기여를 하게 된다. 본 교재는 교육 연구 수행과 학술적 글쓰기 전 과정에서 실질적인 지침을 제공하고자 한다.

저자들의 성찰: 연구 방법론 교육의 실제

미국 등 여러 국가의 대학원 과정에서는 학생들에게 필수적으로 연구 방법론 관련 학점 이수를 요구한다. 예를 들어, 미국 대학에서는 박사과정 학생이 최소 12학점 이상의 연구 방법론 과목을 수강해야 할 수 있으며, 일부 석사 과정에서도 연구 분야 진출을 위해 유사한 요구가 있을 수 있다. 미국 대학원 과정 커리큘럼에서 확인할 수 있는 대표적인 연구 방법론 과목은 다음과 같다.

연구 방법의 기초
질적 연구: 데이터 수집
질적 연구: 데이터 분석
양적 연구 방법 입문
양적 연구 설계와 방법
고급 양적 연구 방법
설문조사 설계
메타분석
통계학
학술 글쓰기
혼합 방법 연구

아래는 연구 방법론의 기초를 익히기 위해 참고할 만한 주요 문헌이다.

Creswell, J. W. (2013). Research design: Qualitative, quantitative, and mixedmethods approaches. SAGE Publications.

Creswell, J. W. (2015). A concise introduction to mixed methods research. SAGEPublications.

Creswell, J. W., & Poth, C. N. (2018). Qualitative inquiry and research design:Choosing among five approaches. SAGE Publications.

Denzin, N. K., & Lincoln, Y. S. (2017). The SAGE handbook of qualitative research (5th ed.) SAGE Publications.

Harvard Catalyst (2022). Mixed methods research. Havard College. https://catalyst.harvard.edu/community-engagement/mmr/

Hoy, W. K., & Adams, C. M. (2016). Quantitative research in education: A primer.SAGE Publications.SAGE Research Methods (2022). Methods map. SAGE Publications. https://methods.sagepub.com/methods-map

성찰 질문

일반적인 연구와 교육 연구에 대한 자신의 이해를 비교하고 대조해보자. 두 접근법은 어떠한 점에서 유사하며, 또 어떤 차이점을 가지고 있는가?

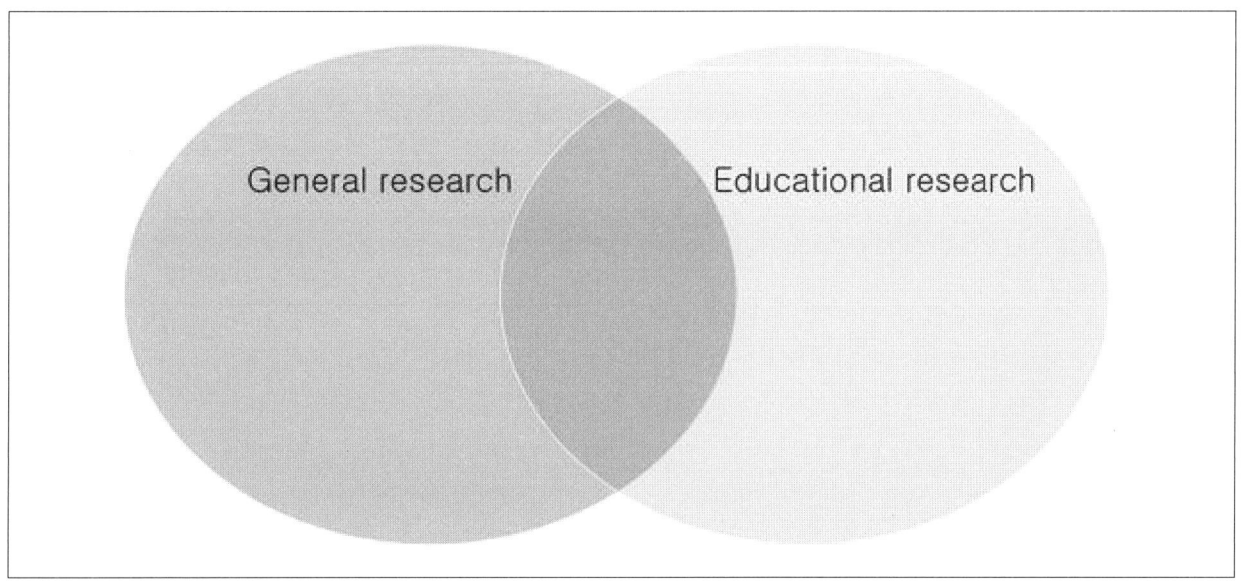

그림1) 일반연구와 교육연구의 차이점

교육 연구 수행에 대한 지식을 발전시키기 위해 스스로 수립할 수 있는 구체적인 계획에는 무엇이 있을지 구체적으로 작성해보자.

PART 1 : 학술적인 영어 글쓰기와 교육 연구

3장. 교육 연구에서 학술적 영어 글쓰기

3장. 교육 연구에서 학술적 영어 글쓰기

도입 질문

- 학술적 영어 글쓰기에 필수적인 기술들은 무엇인가?
- 교육 연구 수행 과정은 어떻게 이루어지는가?
- 학술적 영어 글쓰기는 교육 연구에서 어떤 역할을 담당하는가?

학습 목표

- 교육 연구에 대한 자신의 이해를 명확하게 표현한다.
- 교육 연구 과정에서 학술 글쓰기가 수행하는 역할을 식별한다.
- 교육 연구의 발전을 위해 학술적 영어 글쓰기가 어떻게 활용될 수 있는지에 대한 이해를 구축한다.

연구에서 학술적 영어 글쓰기의 본질

학술적 영어 글쓰기는 연구에서 어떤 역할을 하는가? 학술 글쓰기 기술을 개발하는 것이 어떻게 연구에 정보를 제공하고 그 반대의 경우는 어떠한가?

명확하게 복잡한 내용 전달하기

교육 연구는 종종 복잡하고 다면적인 사회적 현상을 깊이 탐구한다. 온라인 학습에서 학생 참여에 영향을 미치는 다양한 요인을 탐구하는 연구를 고려해보자. 여기서 데이터는 사회경제적 변수, 기술적 접근성, 인지적 부하, 동기적 요인을 포괄할 수 있다. 이러한 연구를 수행하기 위해서는 학술 글쓰기 기술이 수많은 요소들을 복잡성을 희생하지 않으면서도 단순성을 유지하며 일관되고 접근 가능한 서사로 엮어내야 한다. 학술 글쓰기 기술을 개발하면서 동시에 복잡한 개념을 명확하게 전달하는 능력을 발전시키고 있다.

정확성의 중요성

학술적 글쓰기에서 정확성은 연구자들이 모호함과 오해석을 피하는 데 도움이 될 수 있다. 교육적 개입의 영향을 정량화하는 연구는 변수를 명확하게 정의하고, 방법론을 설명하며, 연구 결과를 서술하여 결과적 서사가 정확하고 재현 가능하도록 보장해야 한다. 다시 말해, 정확성을 소통하기 위해서는 연구 절차에서 정확성을 실천해야 한다. 따라서 학술 글쓰기와 연구에서 정확성에 대한 주의는 서로를 보완한다.

구조적 측면 탐색하기

학술 글쓰기의 구조적 측면은 연구자로서 필요한 글쓰기 기술을 개발하도록 격려한다. 학술적 영어 글쓰기의 구조를 살펴보면서 연구 수행에 어떻게 얽혀 있는지 알게 될 것이다.

초록과 서론

학술적 영어 글쓰기는 종종 초록과 포괄적인 서론으로 시작하여 연구를 더 넓은 맥락 안에 위치시킨다. 예를 들어, 플립러닝(거꾸로 교실)을 탐구하는 연구는 교육 패러다임을 탐구하고, 격차를 식별하며, 추구되는 연구 탐구를 명확히 표현함으로써 수행될 수 있다. 이것은 연구자로서 문제를 확립하는 단계에서 중요한 과정이며, 이때 해결하려는 문제에 관한 구체적인 맥락과 지식의 격차에 대해 사고해야 한다. 초록과 서론이 이 과정을 요구하며, 이에 대해서는 8장에서 더 자세히 논의할 것이다.

방법론을 통한 엄격성의 설명

방법론 파트는 단순히 연구 과정의 설명이 아니라 연구자의 엄격성과 지식에 대한 증명이다. 교사 인식을 탐구하는 질적 연구를 고려해보자. 여기서 방법론은 데이터 수집 전략(예: 인터뷰, 포커스 그룹)을 상세히 기술하고 근거를 명확히 표현하여 독자가 연구 철학과 연구 문제의 일치를 식별할 수 있도록 보장해야 한다. 학술적 영어 글쓰기의 필수 구성요소인 연구 방법론은 연구자에게 자신의 철학, 관점, 연구 목표를 탐구하고 고민하도록 요구한다.

연구 결과와 논의에서 균형 잡힌 담론

연구 결과와 논의를 탐색하는 것은 연구 결과가 공정하게 제시되도록 보장하는 균형 잡힌 접근법을 필요로 한다. 연구자는 연구 결과를 효과적으로 보고하고 논의에서 비판적 해석과 주장을 제공하는 서사를 구성할 때 분석적이고 비판적인 사고 과정이 필요하다. 이러한 과정들은 결국 학술적 엄격성과 심층적 성찰을 향상시킨다.

학술적 영어 글쓰기에서 연구윤리

학술적 글쓰기 과정은 투명하고 객관적이며 평가 가능한 실천을 통해 윤리적 연구 수행을 요구한다. 다음에서는 연구자의 윤리에 영향을 미치는 몇 가지 측면을 설명하고자 한다.

투명성과 정직성

윤리적 서사를 유지한다는 것은 연구의 한계가 논의되고 연구 결과가 정직하게 제시되도록 하는 것을 의미한다. 연구자가 데이터 불일치나 방법론적 한계와 같은 예상치 못한 장벽에 직면할 경우, 이러한 요소들은 논의의 무결성을 유지하면서 학술 글쓰기 내에서 투명하게 전달되어야 한다. 또한 학술 글쓰기에서 기대되는 출처의 윤리적 사용은 연구 과정 전반에 걸쳐 투명성과 정직성을 보장한다.

동료 심사와의 상호작용

학술 글쓰기에 내재된 동료 심사의 대화적 과정은 연구와 글쓰기 여정에서 연구자의 윤리적 행동을 위한 경로를 제공한다.

비판에 대한 수용성

학술 저널에 제출되면 연구는 동료들에 의해 비판되고 평가받는 동료 심사의 영역에 진입한다. 따라서 학술 글쓰기는 면밀한 조사를 견딜 수 있을 만큼 견고해야 하고 건설적 비판에 비추어 적응할 수 있을 만큼 유연해야 한다.

반복적 성격

동료 심사와의 상호작용은 종종 학술 글쓰기를 재검토하고, 논증이나 정당화를 정제하거나, 모호한 부분을 명확히 하는 것을 요구하며, 이는 연구 과정 내에서 학술 글쓰기의 반복적 성격을 강조한다. 이러한 과정은 연구자가 연구 수행과 글쓰기 모두에서 윤리적이 되도록 촉진한다.

변화를 위한 도구로서의 학술 글쓰기

적절히 표현된 교육 연구는 정책에 정보를 제공하고, 실천을 형성하며, 추가 연구에 영감을 줄 수 있다. 예를 들어, AI 강화 학습의 효과를 탐구하는 연구는 교육 정책 입안자들에게 영향을 미쳐 인프라 투자나 AI 교육자를 위한 교육학적 훈련에 대한 탐구를 촉진할 수 있다. 따라서 학술 글쓰기는 학술 영역에서 실용적이고 정책적 영역으로 연구를 위한 촉매 역할을 한다.

2장에서 강조했듯이 지식의 확산은 연구에서 중요하며, 학술적 영어 글쓰기는 확산에서 핵심적인 역할을 수행한다. 이에 대해서는 15장에서도 더 논의할 것이다.

학술 글쓰기는 또한 명확성과 복잡성, 정확성과 접근성, 견고성과 적응성의 균형을 맞추는 복합적인 예술 형태이다. 교육 연구 내에서 학술 글쓰기를 위치시킬 때, 대학원생과 신진 학자들은 아이디어의 초기 개념화부터 소통, 비판, 잠재적 구현까지 확장되는 여정을 탐색해야 하며, 교육적 담론과 발전의 역동적인 결과물에 기여해야 한다. 정제된 학술 글쓰기 논문은 해당 분야에서 영향을 미치고 실질적 변화를 만드는 첫 번째 단계가 될 수 있다.

학술적 영어 글쓰기를 통한 교육 연구 촉진

학술적 영어 글쓰기를 통해 교육 연구를 발전시키는 것은 엄격한 연구 방법을 명확하고 구조화된 글쓰기와 결합하는 것을 포함한다. 다음과 같은 방법을 제안한다.

최신 문헌 활용

최근 학술 출판물과의 정기적 교류는 해당 분야의 최신 방법론, 논쟁, 격차에 대해 최신 정보를 유지하게 한다. 이는 새로운 연구 질문과 방법론에 영감을 줄 수 있다.

명확한 논문 구조 채택

서론, 문헌 검토, 방법론, 연구 결과, 결론을 위해 명확하게 구분된 파트를 가진 효율적으로 조직된 논문은 연구를 더 접근 가능하고 설득력 있게 만든다.

논문 제출 전 피드백 구하기

해당 분야의 동료, 멘토, 또는 전문가들과 논문의 초안을 공유하는 것은 귀중한 피드백을 얻을 수 있다. 전문가들은 여러분에게 아직 고려되지 않은 통찰력, 비판, 또는 새로운 관점을 제공할 수 있다.

더 넓은 청중과의 교류

학술 저널 외에도 교육자나 일반 대중을 대상으로 하는 잡지, 블로그, 또는 신문에 글을 쓰는 것을 고려해야 한다. 이는 연구의 적용 가능성과 관련성을 확장시켜 준다. 또한 독자에 맞게 조정하는 적응적 학술 글쓰기 기술을 확장할 기회이기도 하다.

협동 연구

다른 연구자들과 논문을 공동 저술하는 것을 고려해야 한다. 이러한 협력과 공동 연구는 새로운 관점을 제공하고, 작업량을 분담하며, 연구의 범위를 확장할 수 있다. 또한 다양한 학술 글쓰기 스타일에 노출될 기회를 얻어 영어 사용을 다양화한다.

지속적 글쓰기 기술 향상

학술 글쓰기에 관한 워크샵에 참석할 것을 추천한다. 글쓰기 기술이 향상될수록 연구를 통해 독자와 더 효과적으로 소통할 수 있다.

성찰 질문

학술적 영어 글쓰기를 사용하여 교육 연구를 발전시킨다는 것은 무엇을 의미하는가?

학술적 영어 글쓰기와 교육 연구에서 발전시키고 싶은 기술과 지식을 서술해 보자.

PART 1 : 학술적인 영어 글쓰기와 교육 연구
4장. 연구 절차

4장. 연구 절차

도입 질문

- 교육 연구를 수행하라는 요청을 받았을 때, 어떤 단계를 따라야 하는가? 그리고 그 과정에서 자신은 어느 지점에서 가장 큰 어려움을 겪게 되는가?
- 새로운 교육 연구 프로젝트를 기획한다면, 어디서부터 시작해야 하는가?

학습 목표

- 교육 연구 수행을 위한 절차를 체계적으로 요약한다.
- 연구 프로젝트의 접근법과 구체적 단계를 계획한다.

연구 절차

연구를 시작하는 과정은 연구의 타당성, 신뢰성, 그리고 윤리적 건전성을 보장하기 위해 세심한 계획과 구조화된 절차의 준수를 필요로 한다. 이 절차는 아이디어의 초기 개념화에서부터 방법론의 설계 및 구현, 데이터 분석, 그리고 연구 결과의 보고 및 확산에 이르기까지 전 과정을 포함한다. 본 장에서는 실용적 예시와 저자들의 경험을 바탕으로, 교육 연구 및 학술 글쓰기의 복잡한 과정을 효과적으로 탐색하는 데 도움이 되는 일반적인 연구 절차를 소개하고자 한다.

1. 연구의 개념화: 아이디어 창출과 연구 설정

문헌 검토
기존 문헌에 대한 체계적 탐구를 통해 이전 연구 동향, 미해결 과제, 그리고 잠재적 연구 방향을 모색한다. 예를 들어, 온라인 학습에 관한 문헌을 검토하면서 교육자 경험에 대한 연구 격차를 파악할 수 있다. 문헌 검토의 구체적 방법은 8장에서 더 자세히 다룰 예정이다.

연구 질문 설정
문헌 검토를 바탕으로, 학문적 의의와 참신성을 모두 갖춘 연구 질문을 구성한다.
예: '원격 교육 중 교육자들이 직면하는 경험과 도전은 무엇인가?'

IRB(기관생명윤리위원회) 심사
인간 대상 연구의 경우, 연구 질문 확정 후 IRB 심사를 통해 연구의 윤리적 타당성을 확보한다(자세한 내용은 5장 참조).

연구 일정 수립
연구 전체의 주요 단계 및 기간을 포함하는 일정표를 작성하면 연구 계획 수립과 실행에 큰 도움이 된다. 연구 일정은 IRB 심사 문서에 포함될 수도 있다.

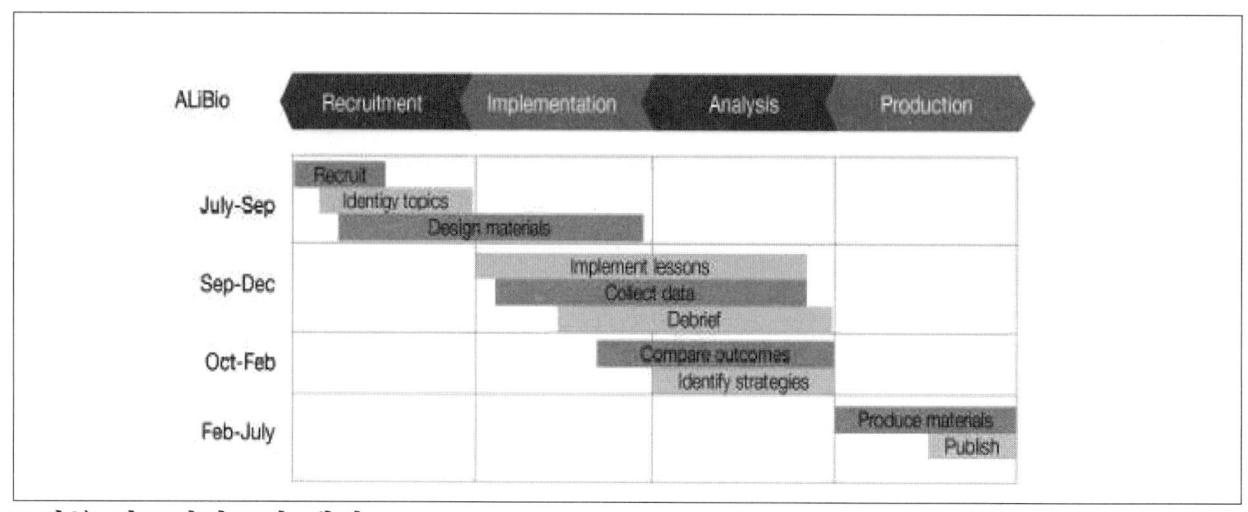

그림2) 연구일정표의 예시

2. 연구 설계 및 방법론

연구 설계 선택
연구 질문과 연구자의 철학적 관점에 따라 질적, 양적, 혼합 방법 설계 중 하나를 선정한다.

연구 방법 및 표본 추출
연구 질문에 가장 적합한 자료 수집 방법(예: 인터뷰, 설문, 관찰 등)과 표본 추출 전략(예: 목적적 표집 등)을 선택한다.

3. 데이터 수집과 관리

데이터 수집
일관된 절차와 윤리적 기준에 따라 데이터를 수집한다. 예를 들어, 반구조화된 인터뷰를 진행할 때는 동일한 질문 틀과 적합한 환경이 중요하다.

데이터 관리
데이터의 보안과 체계적 관리를 위한 전략을 수립하고, 데이터 저장 및 접근성을 보장한다. 데이터 관리 계획은 IRB 문서의 일부로 제출된다.

4. 데이터 분석과 해석

데이터 분석
적절한 분석 전략(예: 질적 주제 분석, 양적 통계 분석 등)을 활용하여 수집된 데이터를 해석 가능한 통찰로 전환한다.
연구 결과 해석
분석 결과를 더 큰 연구 맥락과 연결하여, 그 함의와 적용 가능성을 논의한다.

5. 연구 결과 보고 및 확산

플랫폼 선정
연구 결과의 특성과 목적에 따라 학술지, 학회, 디지털 매체 등 적합한 보급 경로를 결정한다.

연구 절차 전반에 걸친 핵심 가치

연구 진행의 각 단계마다 중요한 결정, 윤리적 고려사항, 그리고 방법론적 엄격성을 유지하는 것이 매우 중요하다. 이러한 과정을 통해 연구자는 학문 공동체와 사회에 의미 있는 지식과 통찰을 제공할 수 있다.

저자들의 성찰: 박사과정 경험에서 배운 연구 단계

저자들은 미국에서 박사과정 중 연구 조교로 참여하며 다음과 같은 연구 단계를 실질적으로 경험하였다.

관련 문헌 검색 및 종합
문헌 검토 작성 및 연구 격차 식별
연구 설계 및 방법론 개발
IRB 심사 신청
데이터 수집 및 관리
데이터 분석
연구 결과 보고(논문, 학위논문 등 작성)

이 과정은 독립적 연구자로 성장하기 위한 실질적 기초가 되었으며, 대학원생들에게 연구 기회를 적극적으로 찾고 지도교수와 소통할 것을 권상한다

성찰 질문

연구 절차의 각 단계 중 자신에게 가장 도전적으로 느껴지는 단계는 무엇이며, 그 이유는 무엇인가?

연구 프로젝트 일정을 계획할 때 각 단계에 어느 정도의 시간을 배분해야 한다고 생각하는가?

각 단계별로 필요한 주요 작업과 함께, 자신만의 대략적인 연구 일정을 작성해보자.

성찰 질문

연구 절차의 각 단계 중 자신에게 가장 도전적으로 느껴지는 단계는 무엇이며, 그 이유는 무엇인가?

PART 1 : 학술적인 영어 글쓰기와 교육 연구
5장. 연구 윤리

5장. 연구 윤리

도입 질문

- 연구 윤리에 대해 본인이 가지고 있는 이해는 무엇인가?
- 연구 윤리를 올바르게 이해하고 준수하는 것이 왜 중요하다고 생각하는가?
- 연구자가 윤리적인 연구를 수행할 때 반드시 고려해야 할 점들은 무엇인가?

학습 목표

- 연구 윤리의 다양한 측면을 탐구하고, 윤리적으로 연구를 수행한다는 것이 무엇을 의미하는지 논의한다.
- 연구 과정에서 윤리적 의사결정을 필요로 하는 다양한 상황을 평가하고, 적절한 판단을 내린다.

연구 윤리의 이해

연구 윤리는 학술적 연구 수행 시 연구자가 반드시 준수해야 할 원칙과 지침에 관한 것으로, 참가자의 권리와 존엄성, 복지 그리고 더 넓은 공동체를 보호하는 동시에, 연구의 무결성, 타당성, 신뢰성을 보장하는 역할을 한다.

연구 윤리의 주요 원칙

사전동의(Informed Consent)
참가자는 연구의 목적, 절차, 잠재적 위험 및 이점에 대해 충분히 정보를 제공받고, 자발적으로 참여에 동의해야 한다.

기밀성(Confidentiality)
연구자는 참가자의 개인정보와 데이터를 엄격히 보호해야 하며, 명시적 허가가 없는 한 제3자에게 공개하지 않아야 한다.

정직성과 투명성(Honesty & Transparency)
연구자는 자신의 방법, 결과, 이해상충 등 모든 측면에서 진실해야 하며, 왜곡이나 은폐 없이 연구를 보고해야 한다.

객관성(Objectivity)
연구는 개인적, 재정적 이해관계의 영향을 받지 않아야 하며, 편견 없는 태도로 수행되어야 한다.

철회할 권리(Right to Withdraw)
연구 참가자는 연구의 모든 단계에서 불이익 없이 자유롭게 참여를 중단할 권리가 있다.

연구 윤리를 이해하고 준수하는 것의 중요성

연구 윤리의 준수는 단순히 도덕적 명령을 넘어, 학문 공동체와 사회 전체의 신뢰와 연구의 무결성을 지키는 데 필수적이다.

신뢰성과 타당성 확보
윤리적 연구 실천은 연구 결과의 신뢰성과 타당성을 강화한다.

신뢰 조성
윤리적 연구 수행은 참가자, 이해관계자, 학문 공동체와의 신뢰를 구축한다.

참가자 보호
참가자들이 존중받고 안전하게 연구에 참여할 수 있도록 보장한다.

법적·제도적 준수
많은 국가에서는 인간 대상 연구에 대한 법적 기준을 두고 있으며, 윤리적 준수는 법적 문제를 예방한다.

사회적 기여
윤리적 연구는 실제 사회문제 해결과 정책 개선에 기여한다.

전문적 명성
윤리 기준의 준수는 연구자와 소속 기관의 신뢰성과 평판을 높인다.

윤리적 연구 수행을 위한 주요 고려사항

명확한 의사소통
참가자에게 연구 목표, 방법, 결과 및 위험 요소를 명확히 설명한다.

사전동의 확보
연구 참여 전 충분한 설명과 서면 동의를 받으며, 아동 등 취약 집단의 경우 추가 승인을 획득한다.

익명성 보호
가명, 코드 사용 등으로 민감한 데이터의 익명성을 보장한다.

투명한 자금 지원 공개
이해상충 방지를 위해 연구 자금 출처를 명확히 밝힌다.

데이터 무결성 유지
데이터를 안전하게 저장·관리하고, 결과를 임의로 조작하지 않는다.

윤리 지침의 지속적 확인
소속 기관 및 학회에서 제공하는 최신 윤리 지침을 정기적으로 확인한다.

윤리적 승인 요청
인간 대상 연구의 경우, 반드시 기관생명윤리위원회(IRB) 심사를 통과한다.

한계의 솔직한 인정
연구의 한계에 대해 개방적으로 기술하며, 투명성과 정직성을 실천한다.

연구 참가자에 대한 존중
모든 연구 과정에서 참가자의 기여와 권리를 존중한다.

본질적으로 연구 윤리의 기초는 연구, 참가자, 그리고 지식 탐구 과정 전체에 대한 깊은 존중이 요구된다. 연구자들은 이러한 원칙을 실천함으로써, 발견의 여정이 사회와 개인 모두에 긍정적 영향을 미칠 수 있도록 보장해야 한다.

Informed Consent

Project Title:

Principal Investigator:

Department:

KEY INFORMATION: The information in this form is being used to seek your consent for a research study. Being in the study is voluntary; it is up to you.

The primary purpose of this study is ⋯

The study will last for the duration of the class (i.e., one semester).

During the study period, the researcher(s) will disseminate surveys to gather participants' non-identifiable demographic information and perceptions of ⋯ Interested participants will be invited to a focus group interview to expand the responses in their surveys.

RISKS: There are no other foreseeable risks of discomfort associated with your participation in this study.

BENEFITS: There is no direct benefit expected as a result of your being in this study.

PAYMENT TO YOU: There is no compensation for participating in this study.

CONFIDENTIALITY: Steps will be taken to help make sure that all the information gathered from you is kept confidential. When reporting findings, no personal identifiable information will be used, and the data will only be accessible to the research team members.

COSTS TO YOU: There are no financial costs associated with your participation in this study.

ALTERNATIVES: Your alternative to being in this study is to simply not participate. There will be no consequence if you decide not to participate or withdraw at any point during the study.

YOUR RIGHTS AS A RESEARCH SUBJECT: Your participation in this study is voluntary. You have the right to change your mind and leave the study at any time without giving any reason. Any new information that may make you change your mind about participating in this study will be provided. You will receive a copy of this consent form. You do not lose any of your legal rights by signing this consent form.

QUESTIONS ABOUT THE STUDY OR YOUR RIGHTS AS A RESEARCH SUBJECT: If you have any questions, concerns, or complaints about the study, you may contact ⋯ If you have any questions about your rights as a research subject, you may contact the research office at ⋯

If you sign below, it means that you have read (or have had it read to you) the information given in the form and you would like to be a volunteer in this study.

Subject Name (Printed)	Subject Signature	Date

그림 3) 연구동의서의 예시

기관생명윤리위원회(IRB)의 역할

기관생명윤리위원회(IRB)는 인간 대상 연구의 윤리적 수행, 권리 및 개인정보 보호를 위한 독립적 심의기구이다. 교육 연구를 포함한 모든 인간 대상 연구는 IRB 심사를 반드시 거쳐야 하며, 심사 유형은 아래와 같이 구분된다.

면제 심사(Exempt Review)
최소한의 위험만을 수반하는 연구(예: 비식별화된 설문조사, 교육적 평가 등)에 적용된다.

신속 심사(Expedited Review)
최소한의 위험을 초과하지 않으며, 대상자 식별성이 낮은 경우에 해당한다. 예로, 비침습적 샘플 수집, 설문, 인터뷰, 포커스 그룹 등이 포함된다.

전체 심사(Full Board Review)
상당한 위험을 포함하거나, 취약 집단 또는 민감한 주제, 침습적 절차를 포함하는 연구에 적용되며, 다수 심사위원이 참여하는 심의가 요구된다.

IRB 과정 없이 수집된 데이터는 미국 고등교육 현장에서 연구 및 출판에 사용할 수 없으며, 모든 연구자는 연구 시작 전 반드시 IRB 심사를 받아야 한다.

IRB 제출을 위한 필수 문서

대상자 모집 전략 및 홍보 자료
강압 방지 전략(특히 자신의 수업이 진행되는 교실에서 연구를 수행하는 경우)
설문지 및 질문지 샘플
인터뷰 질문/관찰 프로토콜
동의서 또는 동의 절차(특히 미성년자 대상 연구 시)
데이터 수집, 저장, 보호 계획 등

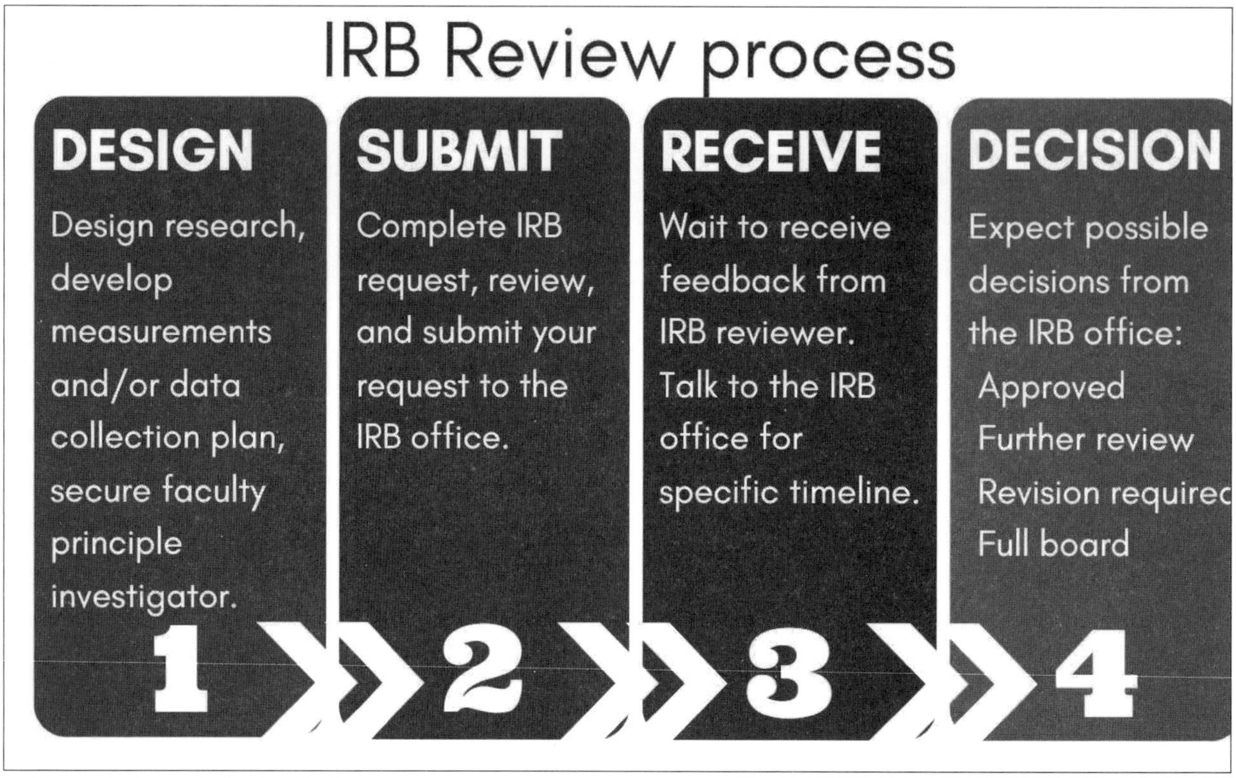

IRB Review process

DESIGN

Design research, develop measurements and/or data collection plan, secure faculty principle investigator.

1

SUBMIT

Complete IRB request, review, and submit your request to the IRB office.

2

RECEIVE

Wait to receive feedback from IRB reviewer. Talk to the IRB office for specific timeline.

3

DECISION

Expect possible decisions from the IRB office: Approved Further review Revision required Full board

4

그림 4) IRB 과정의 예시

성찰 질문

이번 챕터에서 연구 윤리에 대해 새롭게 알게 된 점, 혹은 이전에 고려하지 못했던 점은
무엇인가?

본인이 계획하거나 참여하는 연구 프로젝트에서 윤리적 연구를 보장하기 위해 취해야 할
구체적 조치에는 무엇이 있을지 작성해보자.

성찰 질문

PART 2 : 연구 절차별 가이드라인
6장. 글쓰기 이전의 고려사항

6장. 글쓰기 이전의 고려사항

도입 질문

- 연구 프로젝트 및 아이디어를 구상할 때 취해야 할 주요 초기 단계는 무엇인가?
- 연구 아이디어가 정립된 이후, 초기 글쓰기 과정을 효과적으로 시작하는 방법은 무엇인가?
- 논리적 체계성과 구조를 갖춘 연구 글쓰기를 가능하게 하는 핵심 요소는 무엇인가?

학습 목표

- 기존 연구 체계 내에서 본인의 연구가 가지는 독자성과 차별성을 구별한다.
- 체계적으로 조직된 연구 글쓰기와 조직이 미흡한 글쓰기의 차이점을 비교·분석한다.

논문 작성과 초기 고려사항

영어논문 작성은 학위 취득을 위한 핵심적 학술 활동으로, 대학원생의 연구 수행 능력과 학술 글쓰기 역량을 종합적으로 평가하는 주요 기준이다. 대학원생들은 종종 석사 또는 박사과정에서 비공식적인 학술 글쓰기를 경험하지만, 체계적인 연구 기획과 수행, 그리고 이를 완성도 높은 논문으로 정리하는 과정은 학위논문을 통해 구체적으로 평가된다.

미국 고등교육에서는 thesis가 석사 학위 논문, dissertation이 박사 학위 논문을 의미하는 반면, 유럽 고등교육에서는 두 유형 모두 일반적으로 thesis로 지칭된다. 본 교재에서는 이 두 유형을 모두 포괄하는 의미로 '논문(thesis)'이라는 용어를 사용한다.

논문 및 연구 글쓰기의 초기 단계에서 고려해야 할 점

논문 작성과 연구 글쓰기의 초기 단계에서는 다음과 같은 근본적 질문을 반드시 고민해야 한다.

왜(Why)를 고려하기
연구 논문은 본질적으로 기존 에세이나 보고서와 달리, 연구자가 해당 분야의 중요한 문제를 인식하고 이를 해결하는 지적 여정을 의미한다. 대학원생은 스스로 비판적 질문을 던지며, 문제 설정과 연구 목적, 연구의 학문적 의의를 분명히 해야 한다.

핵심 질문 예시
내가 속한 분야에서 중요한 논의나 논쟁은 무엇인가?
정확히 어떤 문제가 존재하며, 그 원인과 영향은 무엇인가?
연구자로서 나는 문제의 원인과 영향 중 무엇을 우선적으로 다룰 것인가?
내 연구의 목표 청중은 누구이며, 무엇을 알아내고자 하는가?
내 연구가 해당 분야에 어떤 독창적 기여를 할 수 있는가?

이와 같은 근본적 질문을 충분히 숙고하지 않는다면, 연구는 독창성이나 명확한 목적을 잃고, 기존 문헌과의 차별성도 희박한 결과를 초래할 수 있다.

잘못된 연구 글쓰기의 특징

다음은 부적절하게 작성된 논문(연구 글쓰기)에서 자주 발견되는 공통적 결함들이다.

논리적 근거 부족 및 청중 설득 실패
이론적 배경 및 선행연구의 지원 결여
변수 간 관계만 강조하고 이론적 설명 부족
연구 결과가 기존 연구로부터의 충분한 지지 미흡
결과와 논의, 결론의 응집력 부족
비판적 성찰이나 미래 함의가 드러나지 않음
연구의 독창성을 명확히 드러내지 못하고 단순 복제에 그침

효과적인 연구 논문의 기본 구조

효과적인 논문과 연구 글쓰기는 다음과 같은 기본 구조를 나타낸다.

1. 초록(Abstract)
논문 전체의 축약된 소개로, 연구의 문제, 목적, 방법, 주요 결과, 결론 및 함의를 간결하게 제시한다. 초록과 서론은 모든 내용이 완성된 후 마지막에 정교하게 작성하는 것이 바람직하다.

2. 서론(Introduction)
연구의 문제와 배경, 맥락을 명확히 설명하고, 연구 목적·질문(가설)을 구체적으로 진술한다. 다양한 관점을 요약하고, 연구의 필요성과 방향을 논리적으로 제시한다.

3. 문헌 검토(Literature Review)
선행연구를 비판적으로 분석하고, 이론적 배경 및 변수, 연구 목적 간의 연계성을 설명한다. 기존 연구의 한계와 연구 격차를 식별하고, 본 연구의 정당성을 부각한다.

4. 방법론/연구 설계(Methodology/Design)
연구 설계, 참가자 선정, 데이터 수집 및 분석 방법, 신뢰성과 타당성 확보 방안을 명확히 기술한다. 연구 설계 선택의 논리적 근거와 절차의 일관성을 강조한다.

5. 연구 결과(Results)
분석 결과를 체계적으로 제시하며, 연구 질문이나 가설과의 연관성을 명확히 드러낸다. 과도한 데이터 나열을 피하고, 핵심적 메시지를 부각한다.

6. 논의 및 결론(Discussion/Conclusion)
연구 결과를 기존 연구와 비교·분석하며, 연구의 독창성과 중요성을 강조한다. 또한 연구의 한계, 미래 연구 방향, 실제적·학문적 함의를 논의한다.

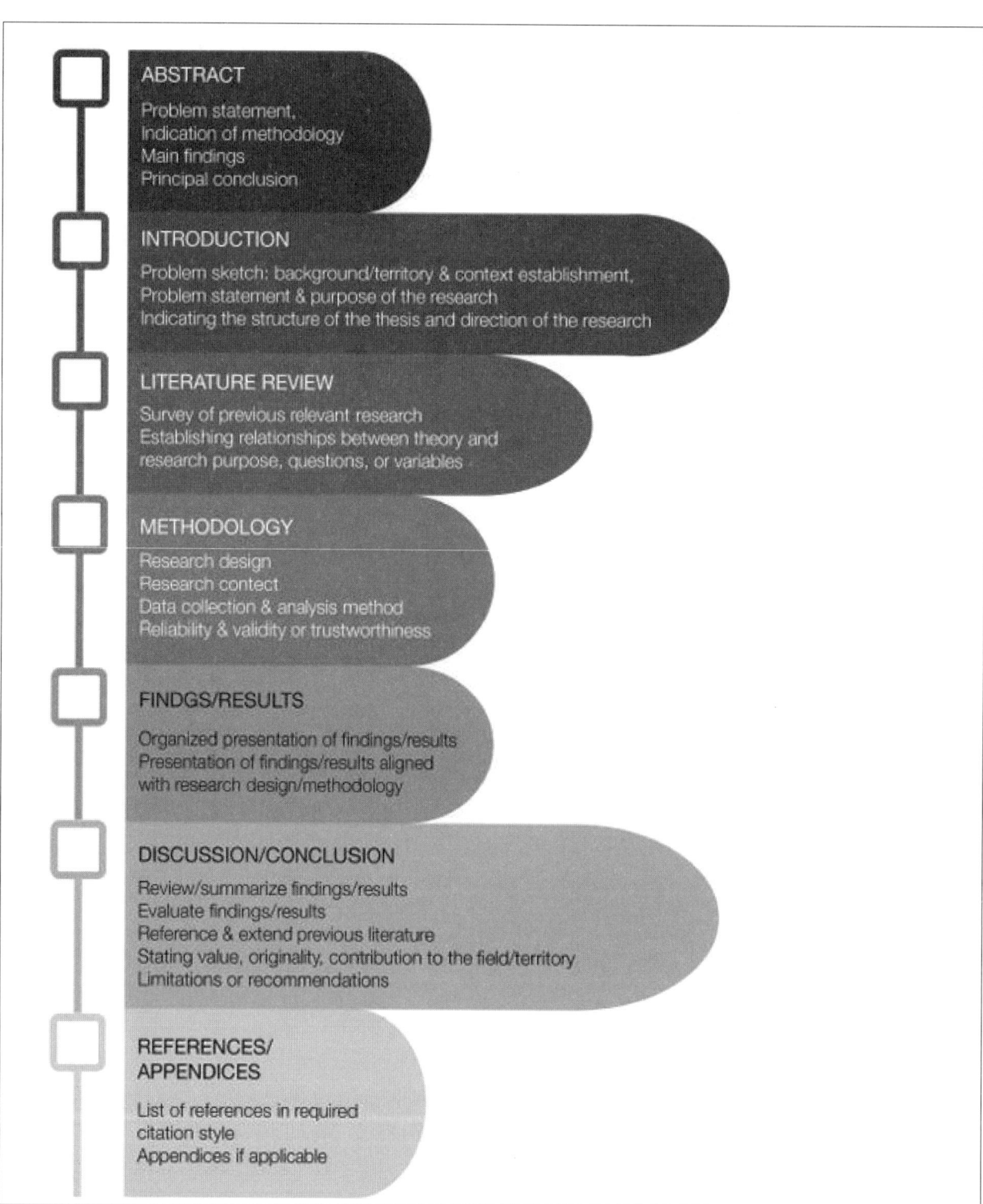

그림5) 논문구조의 예시

비효율적 연구 글쓰기

초록
단순한 요약이나 정리에 머무름(독창성 부족).

서론
문제 제기가 불명확하고, 연구 질문 기설의 명시적 진술이 없음.

문헌 검토
요약 목록에 그치거나, 이론적 연결이 미흡.

연구방법론
설계 근거와 방법 선택의 논리적 설명 부족.

연구 결과
핵심 메시지 없는 무차별적 데이터 제시.

논의/결론
단순 요약에 그치거나, 연구의 독창성·미래 방향 제시 미흡.

비효율적 연구 글쓰기

성찰 질문

본인이 다루고자 하는 주제와 유사한 기존 연구들의 중심 주제나 쟁점을 표로 정리해보자. 내 연구는 기존 문헌에서 어떻게 차별화될 수 있는가?

강력하고 잘 조직된 연구 글쓰기(또는 논문)를 구성하기 위해 자신이 개발해야 할 자질은 무엇이라고 생각하는가?

PART 2 : 연구 절차별 가이드라인
7장. 계획 수립 및 준비 단계

7장. 계획 수립 및 준비 단계

도입 질문

- 본인의 연구 프로젝트에 대한 아이디어와 계획은 무엇인가?
- 연구 프로젝트를 처음부터 끝까지 수행하기 위해 개괄할 수 있는 구체적인 단계와 과제들은 무엇인가?
- 현재 본인은 연구 및 글쓰기를 시작하고 실제로 착수할 준비가 어느 정도 되어 있다고 생각하는가?

학습 목표

- 연구 계획 단계에서 서론(Introduction)의 기본 구조를 효과적으로 적용한다.
- 본인의 연구와 학문적 정체성에 대한 명확한 목적을 공식화한다.

논문 작성의 계획 단계

논문 작성의 계획 단계에 진입할 때는, 전체 논문 작성 과정에서 요구되는 일반적인 단계들을 명확히 이해하는 것이 중요하다. 논문 작성은 단기간에 끝나는 일이 아니며, 다양한 경로와 중간 과정을 거치는 장기적이고 역동적인 여정이다. 이러한 과정을 충분히 숙지하는 것은 준비 단계에서 연구를 체계적으로 조직하고 성공적으로 수행하는 데 필수적인 지침을 제공한다.

논문 연구 및 작성을 위한 권장 단계

효율적이고 엄격한 논문 연구 및 작성을 위해 다음과 같은 일반적 단계를 따르는 것이 바람직하다. 특히 실제 연구와 글쓰기 과정은 비선형적으로, 반복적·순환적으로 전개될 수 있다는 점을 염두에 두어야 한다.

연구 관심사 및 문제 식별
자신의 관심 분야 및 연구 주제와 부합하는 교육적 또는 사회적 문제를 탐색한다.

문제 진술 및 목적 설정
명확한 문제 진술과 연구 목적을 공식화하고, 지도교수 또는 논문 심사위원회와 긴밀히 소통한다.

선행연구 검토
주제와 관련된 주요 연구를 체계적으로 검토하여 배경지식을 확장한다.

연구 질문 또는 가설 정의, 서론 초안 작성
연구 질문이나 가설을 도출하고, 서론의 기본 틀을 구성한다.

이론적 배경 및 프레임워크 탐색
주제에 적합한 이론을 탐색하여 연구의 토대를 다진다.

문헌 정리 및 피드백 수렴
신행연구와 연구 문제를 연결 지으며, 지도교수 등으로부터 피드백을 받아 서론과 문헌 검토를 보완한다.

연구 방법론 선정 및 설계
연구 질문에 가장 적합한 방법론을 선택하고, 방법론 파트를 작성한다.

IRB 심사 준비
기관생명윤리위원회(IRB) 심사에 필요한 서류를 준비한다(상세 내용은 5장 참조).

데이터 수집 및 분석
IRB 승인을 받은 후, 연구 설계에 따라 데이터를 수집·분석하고, 필요 시 방법론을 수정한다.

연구 결과의 제시 및 해석
데이터 분석 중간 및 종료 후, 결과를 명확하게 정리·제시하는 방법을 모색한다.

논의 및 결론 작성
결과를 토대로 논의 및 결론 초안을 작성하고, 지도교수 등과 상의한다.

지속적 수정 및 피드백 반영
필요한 수정을 반복적으로 이행하며, 지속적으로 소통한다.

저자들은 위와 같은 단계들을 충실히 준수할 것을 권장한다. 특히, 데이터 수집 전에 문제 진술, 연구 목적, 문헌 검토를 충분히 선행하는 것이 중요하다. 신진 연구자들이 흔히 저지르는 실수는 이론적·문헌적 기초 없이 데이터를 수집하려는 점이다. 또한, 영향력 있는 연구를 위해서는 영어로 된 최신 연구 동향을 파악하고, 학술 영어 글쓰기 능력을 지속적으로 개발하는 것이 필수적이다.

서론의 조직과 깔때기(funnel) 구조

서론은 논문 전체의 방향성을 제시하는 매우 중요한 파트이다. 흔히 '깔때기 구조'로 설명되며, 넓은 맥락에서 점차 특정 문제로 초점을 좁혀가는 논리적 흐름을 가져야 한다. 서론 작성은 요약 능력, 간결성, 분야에 대한 심층적 이해가 요구되는 도전적인 작업이다.

준비 단계: '왜(Why)', '무엇을(What)', '어떻게(How)'의 질문
논문 작성과 연구 준비 과정에서 '왜', '무엇을', '어떻게'라는 질문에 지속적으로 답해 나가는 것은 연구 여정의 방향성을 유지하는 데 큰 도움이 된다.

'왜'를 고민하기
왜 이 연구를 수행하는가?
연구의 초점이 될 교육적 문제나 이슈는 무엇인가?
단순한 학위 취득이 아닌, 사회·학문적 기여에 대한 동기를 명확히 해야 한다.

영어 학술 의사소통의 중요성
왜 영어로 연구하고 소통해야 하는가?
글로벌 학술 커뮤니티와의 소통, 국제 학술지 게재 및 네트워킹, 최신 동향 파악을 위해 학술 영어 역량이 필수적이다.

'무엇을' 고민하기
연구의 교육적 파급효과는 무엇인가?
이슈를 둘러싼 핵심 논의와 동향, 선행연구의 방향은 무엇인가?

'어떻게' 고민하기
내 연구가 해당 분야에 의미 있는 기여를 할 수 있는가?
연구의 독창성, 맥락, 대상, 방법론적 차별성은 무엇인가?
연구자·학자로서의 정체성 확립을 위해 어떤 성장 전략을 실천하고 있는가?

양적·질적 연구 방법의 균형 잡힌 이해와 함께, 평생 학습과 성장 마인드셋을 실천하는 것이 신진 연구자에게 요구되는 태도임을 강조한다.

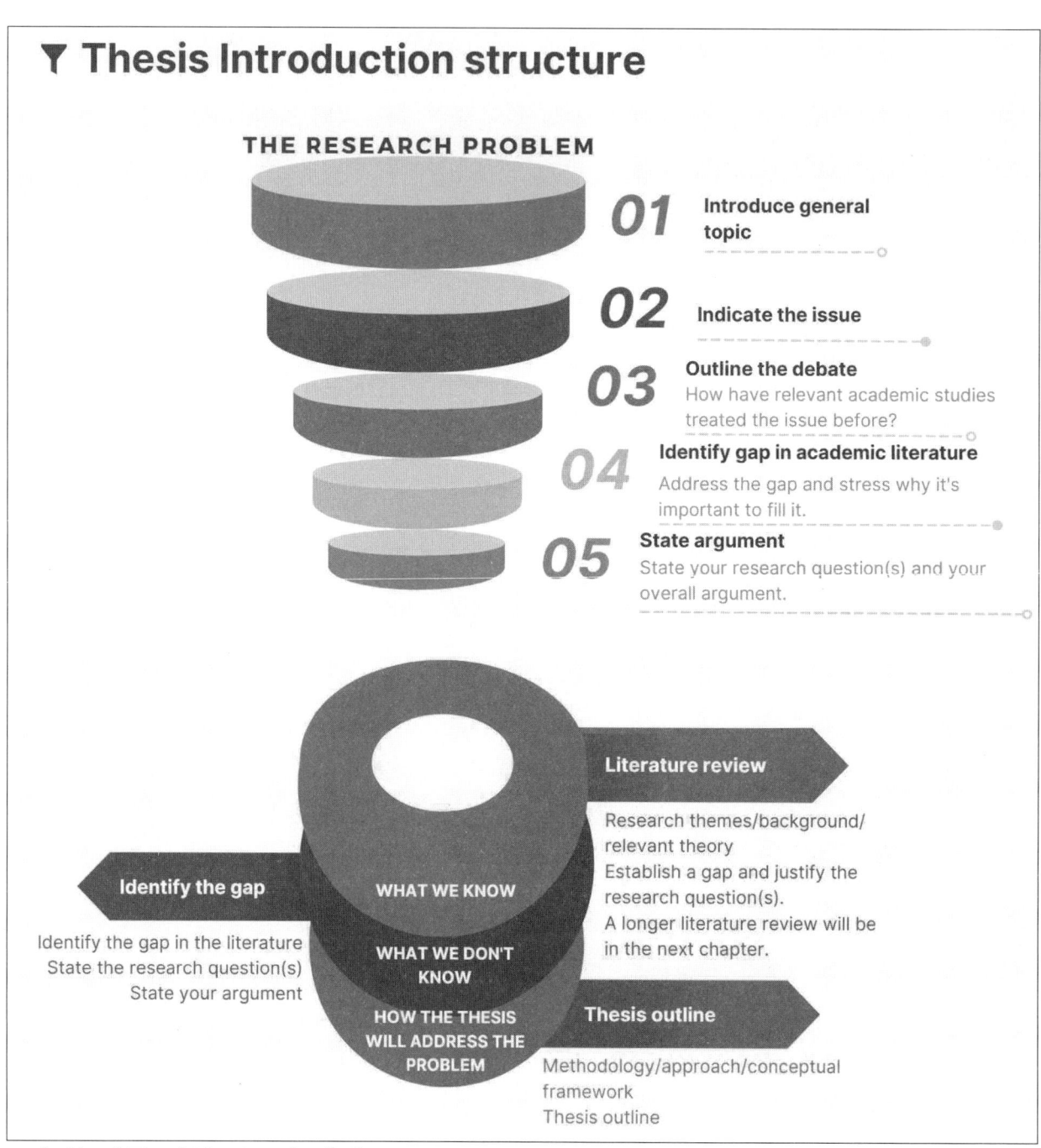

그림 6) 서론 작성 구조의 예시

성찰 질문

깔때기 구조를 적용하여 서론을 작성할 때 가장 어려운 부분은 무엇이며, 그 이유는 무엇인가?

'왜', '무엇을', '어떻게'에 대한 자신의 답변을 정기적으로 점검해보자.

Part 2 : 연구 절차별 가이드라인
8장. 연구문제 설정: 문제해결형 연구 방법

8장. 연구문제 설정: 문제해결형 연구 방법

도입 질문

- 연구 문제를 설정하거나 문제화한다는 것은 무엇을 의미하는가?
- 문제 해결식 관점과 접근법을 본인의 연구에 어떻게 적용할 수 있는가?
- 문제 해결식 연구 방법론을 적용할 때 예상되는 도전과제는 무엇인가?

학습 목표

- 연구의 출발점이 되는 '문제 설정'을 위한 효과적 진술문 작성 방법을 익힌다.
- 문제 해결식 연구 방법론을 실제 연구에 적용하기 위한 단계와 절차를 체계적으로 이해한다.

논문 작성과 연구 과정을 시작할 때, 기초적인 단계는 단순한 문제 파악을 넘어서는 것을 포함한다. 이는 해결하고자 하는 문제를 세심하게 설정하는 것을 의미한다. 이러한 중요한 단계에 적극적인 문제해결식 관점으로 접근해야 한다.

문제해결식 접근법이란 무엇인가?

문제해결식 연구 접근법을 설명하기 위해, 특정 지역의 교육 격차와 관련된 문제가 확인된 시나리오를 고려해보자. 이 단계에서 초보 연구자와 작성자들이 범하는 일반적인 오류는 단순히 문제를 기술하거나 진술하는 것이다. 예를 들어, 한국 고등학교 학생들의 영어 작문 성취도가 표준 성취 수준에 미달한다고 언급하는 것과 같다. 이것은 언뜻 보면 문제처럼 보이지만, 실제로는 문제에 대한 단순한 기술이나 사실의 진술에 불과하다.

단순히 문제의 존재를 인정하는 대신, 문제해결식 관점은 근본 원인에 대한 심층적 탐구, 관련 요인들의 검토, 그리고 잠재적 해결책에 대한 비판적 평가를 포함한다. 표면적 수준을 넘어섬으로써, 문제해결식 연구 접근법은 의미 있는 개입이나 해결책을 제시할 수 있는 포괄적인 통찰력을 개발하는 것을 목표로 한다.

연구 사례 1
두 국가의 다문화 및 다언어 교사교육에 대한 비교 연구: 미국과 한국의 사례를 바탕으로

• 문제 파악: 미국의 다문화 및 다언어 교사교육 프로그램과 비교했을 때, 한국의 다문화/다언어 교사교육에 대한 관점이 부족하다.

• 문제해결 접근법: 미국 교사교육 프로그램의 모델을 구현하여 한국 고등교육에서 다문화 및 다언어 교사교육을 위한 모델을 개발하는 것이 실행 가능한가?

• 연구 검토: 다음 영역들의 기존 연구를 검토하는 것이 유익할 수 있다.
(A) 현재 미국의 교사교육은 다문화 및 다언어 교사교육에 접근하기 위한 이론적 기반으로 트랜스랭귀징 이론을 활용한다. 그리고 (B) 선행 연구들은 교사교육, 특히 아시아 교사교육 백락에서 트랜스랭귀징 이론을 직극직으로 활용하고 있다.

• 해결책 구현 :몇 가지 실행 가능한 해결책을 고려할 때, 다음 질문들에 답하는 것이 도움이 될 수 있다. 두 국가 간의 직접적인 비교 분석이 확인된 문제를 해결할 수 있는가? 한국의 맥락을 고려하여 다문화 및 다언어 교사교육을 위한 모델을 제안하는 것이 실용적인가?

연구 사례 1에서 설명한 것과 같이, 문제해결식 접근법을 활용함으로써 연구자는 분별력 있는 관점으로 연구를 수행할 수 있다. 특히 두 개의 서로 다른 교육시스템을 숙고할 수 있는 경험, 지식, 또는 통찰력을 가질 수 있다. 문제해결 접근법에서 도출된 다음과 같은 문제 진술을 공식화할 수 있다:

한국의 교사교육 프로그램에서 다문화 및 다언어 관점의 부족은 다문화 및 다언어 학생들의 요구에 맞춰 체계적으로 설계된 교사교육 교육과정의 부재에서 비롯된다.

다소 실용적인 연구 질문과 문제를 숙고할 때에도, 문제해결식 접근법이 유익할 수 있다.

연구 사례 2
예비교사들의 온라인 모의수업 경험에 대한 연구

- 문제 파악: 예비교사들의 마이크로티칭(모의수업) 과제를 위한 기존의 대면 환경이 코로나19로 인하여 원격학습 환경으로 전환되어야 한다.

- 문제해결 접근법: 코로나 19로 인해 예비교사들은 온라인 모의수업 경험에 초점을 맞춰야 되고, 그로 인한 교사 교육 과정 내에서도 온라인 교수법을 도입해야 한다.

- 선행연구 검토: 이전 문헌들은 다양한 변수로 대면 모의수업을 측정했지만, 이러한 측정법들을 온라인 교사교육 과정에 적용하는 것은 여전히 제한적이다. 그러나 온라인 및 혼합학습에 대한 연구는 1990년대부터 발전해왔으며, 탐구 공동체 프레임워크를 강조해왔다.

- 성찰 단계: 해결책을 제안하려면 기존 연구를 검토한 후 몇 가지 성찰적 질문을 고려하는 것이 유익하다. 대면 모의수업 연구의 기존 변수와 측정법을 여전히 적용하는 것이 적절한가? 아니면 본인의 연구가 탐구 공동체 프레임워크를 온라인 모의수업 맥락으로 통합하고 확장할 수 있는가?

- 해결책 구현: 실용적인 교사교육 프로그램이나 교육과정을 설계하고자 할 때 몇 가지 해결책이 생성될 수 있다. 탐구 공동체 프레임워크의 교수 실재감과 사회적 실재감 개념이 통합된 온라인 모의수업이 온라인 교사교육 프로그램을 향상시키기 위한 새로운 통찰력을 제공할 수 있는가?

연구 사례 2는 예상치 못한 요인, 특히 코로나19 상황의 원격학습 맥락을 설명했다. 기존의 온라인 학위 프로그램과 달리, 이 시나리오의 예비교사들과 교사교육자들 모두 디지털/AI 리터러시에 대한 이해도와 온라인 교수법에 대한 역량이 부족한 상황이었다. 이러한 도전과제들을 고려할 때, 문제해결식 접근법을 채택하는 것이 해결책을 제공하는 데 중요할 수 있다.

문제해결식 관점은 연구자가 실행 가능한 해결책을 찾기 위해 다른 연구 영역들을 살펴봄으로써 탐색 범위를 넓힐 수 있게 했다. 이 두 사례에서 예시된 바와 같이, 문제해결 관점과 접근법은 원인, 결과, 그리고 밀접하게 관련된 주제들을 조사하는 것을 수반한다. 문제해결 관점을 채택함으로써, 단순한 기술을 넘어 문제를 심도있게 분석하고, 다양한 해결책을 구상하는 것이 가능하다.

문제해결식 연구방법론의 순환적 단계들

논문 작성에서 문제해결식 관점을 채택하는 것은 문제를 인식할 뿐만 아니라 당면한 문제에 적극적으로 관여하겠다는 의지를 필요로 한다. 이는 탐구적 질문을 제기하고, 연구 맥락에 대한 철저한 이해를 추구하며, 실행 가능한 해결책을 구상하는 것을 의미한다. 연구방법으로서 이러한 접근법은 연구의 기반을 강화하고, 더 중요하게는 연구 분야 내에서 지식의 발전에 기여한다.

문제해결식 연구방법론을 활용할 때 포함되는 반복적 단계들의 시각적 표현을 제공한다. 이 접근법은 직선적이고 선형적인 과정이 아니라 순환적 순서로 작동한다. 이러한 순환적 문제해결 접근법에 포함된 단계들은 다음과 같이 자세히 설명된다:

문제 정의하기

초기 단계에서는 해결하고자 계획하는 문제를 확인하고 명확히 제시해야 한다. 이는 문제와 관련된 범위, 맥락, 그리고 요인들에 대한 철저한 이해를 포함한다. 더 나아가, 문제를 공식화할 때 명확성을 보장하면서 문제에 대한 포괄적인 탐구가 필요하다. 문제의 경계를 명시하고 그렇게 할 때 다양한 관점들(즉, 다양한 철학, 접근법, 맥락, 요인 등)을 고려해야 한다.

문제 분석하기

분석 단계는 확인한 문제에 대한 상세한 검토를 포함한다. 더 넓은 맥락에서 문제의 원인, 함의, 그리고 잠재적 영향을 평가해야 한다. 문제의 숨겨진 측면들을 밝혀내기 위해 다양한 분석 도구, 자원, 그리고 방법론을 사용하도록 노력해야 한다. 연구 사례 2에서 예시된 바와 같이, 때로는 연구 초점과 밀접하게 관련된 곳에 해결책이 존재한다. 이는 모든 각도와 관점에서 문제를 분석하는 것이 문제 해결에 대한 혁신적인 접근법으로 이끌 수 있음을 의미한다.

어떻게, 무엇을 할지 결정하기

철저한 분석에 이어, 다음 단계는 문제를 해결하기 위한 가장 효과적인 접근법을 결정하는 것이다. 이는 문제에 대한 심층적인 이해와 구체적인 확인을 포함한다. 문제가 광범위할수록, 그것을 해결하는 데 접근하기가 더 어려워진다. 명시된 문제에 관한 포괄적인 지식을 활용하여, 장단점을 고려하고, 잠재적 도전과제를 예상하며, 해결책의 적용 가능성을 검토해야 한다.

현장에서 계획 실행하기

명확하게 정의된 문제와 해결책이 마련되면, 해결책을 실행하는 단계로 진행해야 한다.

이 단계는 두 가지 측면을 가진다. 첫 번째, 연구를 위한 문제 설정의 계획 단계에서, 이는 연구 목적, 연구 질문, 가설, 또는 개입(intervention)이 될 해결책을 명확히 제시하는 것을 의미한다. 두 번째, 더 큰 맥락에서, 설정한 문제와 계획에 기반하여 연구를 수행하게 될 연구 과정에 적용된다. 현 시점에서는 후자보다는 전자를 강조하는 데 초점을 둔다. 후자는 12장에서 연구와 논문을 마무리하는 것을 논의할 때 더욱 관련성이 높아진다.

결과의 발전 평가하기
평가 단계는 실행된 계획으로부터 나온 결과와 발전을 평가한다. 실행 계획의 효과성, 현실적 함의, 실용적 적용, 그리고 영향을 측정하게 된다. 위에서 언급한 바와 같이, 이는 문제 설정 단계뿐만 아니라 전체 연구 프로젝트를 마무리하는 것에도 적용된다. 문제를 설정하는 과정을 고려할 때, 이는 적절한 연구 측정법을 개괄하고 그 적용 가능성을 평가하는 것을 수반한다.

문제해결식 연구방법의 순환적 특성은 반복을 가능하게 한다. 평가에서 부족함, 제한된 영향, 또는 실용적 실행에 대한 도전과제가 드러나면, 특히 문제 정의 단계로 돌아가서 이전 단계들을 다시 검토할 필요가 있다.

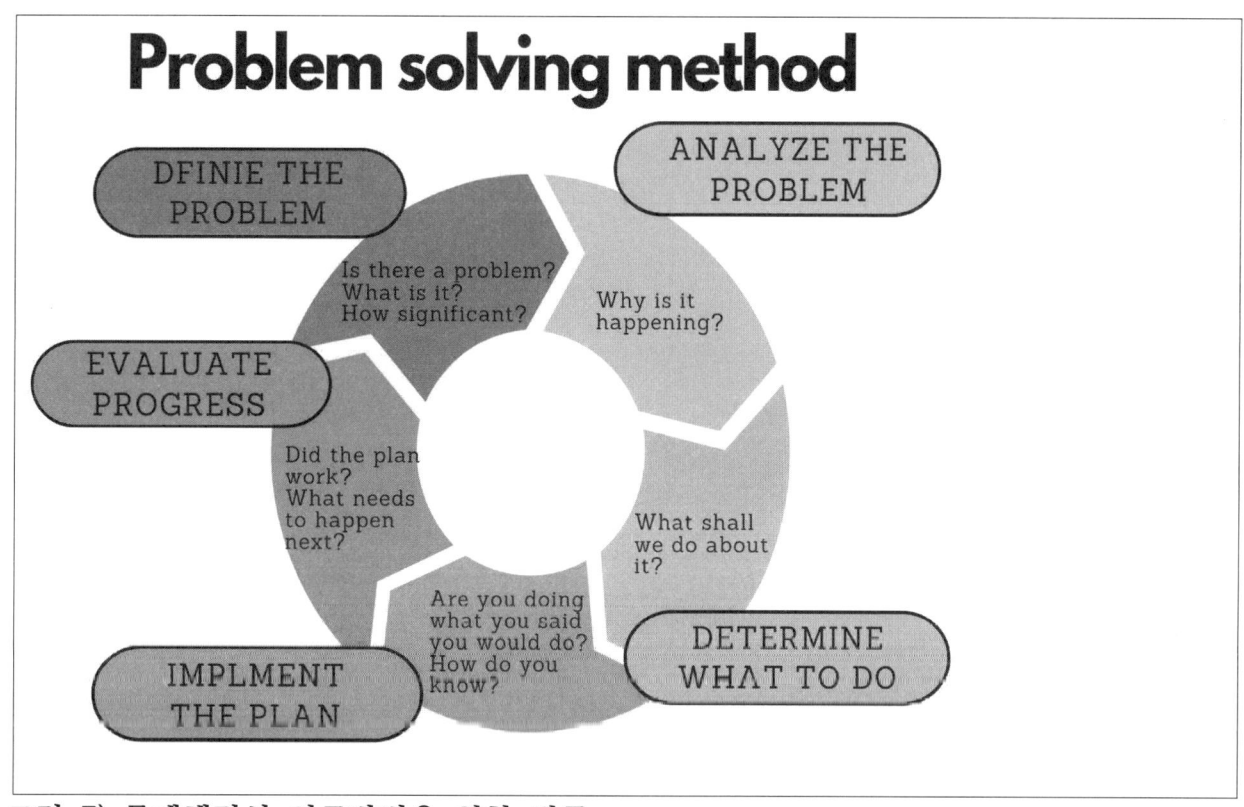

그림 7) 문제해결식 연구방법을 위한 접근

문제설정 학술적 영어 글쓰기 예시

이론적으로 '무엇을' 써야 하는지 아는 것과, 실제로 '어떻게' 써야 하는지 아는 것은 본질적으로 다른 역량이다. '글쓰기에 관하여' 파트에서는 실제 글쓰기 과정에서 활용할 수 있는 주요 언어 표현과 구조적 전략의 간단한 목록을 제시한다. 특히, 문제 진술과 문제 설정에 있어 연구자가 익숙해져야 할 언어적 기능에는 다음 세 가지가 있다.

1. 연구 영역 설정하기
특정 주제 영역 내에서 연구의 맥락을 명확히 하고, 범위를 정의하며, 기존 지식 혹은 논쟁의 현황을 식별하는 과정이다.

2. 연구/지식 공백 식별하기
현재 연구 영역에서 아직 해소되지 않은 쟁점이나 미비점을 분명하게 밝히는 과정이다.

3. 연구 목적 진술하기
본 연구가 해결하고자 하는 핵심 목표와 연구의 필요성을 명확하게 진술하는 과정이다.

아래는 연구 영역 설정에 자주 활용되는 주요 언어 표현 예시이다.

Through broadening literacy frameworks, the literacy field increasingly recognizes the social and political dynamics of texts and their production.
• Bacon, C. K. (2017). Multilanguage, multipurpose: A literature review, synthesis, and framework for critical literacies in English language teaching. Journal of Literacy Research. 49(3). 424-453.

Studies have repeatedly shown that English language learners (ELLs) in elementary and secondary schools are frustrated because the school system is failing to support them in achieving their goals of acquiring English and obtaining postsecondary education (Menken, 2008; Olsen, 1997; Suarez-Orozco, Suarez-Orozco, & Todorova, 2008; Valdés, 2001).
• Daniel, S. M. (2014). Learning to educate English language learners in pre-service elementary practicums. Teacher Education Quarterly, Spring 2014, 5-28.

There is currently an upsurge of interest in all matters emotional and affective in education. First popularised by Daniel Goleman (1995; Hartley,

2003), emotional intelligence is set to become a mainstream curricular concern for teachers at all levels, including pre-service teacher education (Hawkey, 2006).

• Hawkey, K. (2006). Emotional intelligence and mentoring in pre-service teacher education: A literature review. Mentoring & Tutoring. 14(2), 137-147.

Much recent literature on teacher education highlights the importance of identity in teacher development.

• Beauchamp, C. & Thomas, L. (2009). Understanding teacher identity: an overview of issues in the literature and implications for teacher education. Cambridge Journal of Education, 39(2), 175-189.

연구/선행연구의 지식 공백 식별하기

연구 또는 선행연구의 지식 공백을 식별하는 것은, 이미 설정된 연구 영역 내에서 기존 연구가 제한적이거나 불완전하거나, 충분한 탐구가 이루어지지 않은 부분을 정확하게 찾아내는 과정이다. 이는 기존 문헌에서 충분히 다루어지지 않은 특정 질문, 쟁점, 또는 측면이 존재함을 논리적으로 입증함으로써, 새로운 연구의 필요성과 타당성을 뒷받침한다.

따라서 연구/지식 공백의 식별은 논문 작성 과정에서 매우 중요한 단계이며, 연구 주제 선정의 정당성과 학문적 기여 가능성을 명확히 하는 데 필수적인 역할을 한다. 아래는 연구/지식 공백을 지적할 때 활용할 수 있는 대표적인 언어 표현 예시이다.

These studies have made a persuasive case for the multidimensional role of emotions in teachers' professional development and in their day-to-day teaching lives, though they have not necessarily suggested interventional responses to acknowledge, mitigate, or improve teachers' emotional stances systematically. The question persists: How does a language teacher educator make sense of the pervasive emotional content present in novice teacher reflection journals as they react to their initial teaching experiences in the language classroom?
• Golombek, P. & Doran, M. (2014). Unifying cognition, emotion, and activity in language teacher professional development. Teaching and Teacher Education, 39(2014), 102-111.

More teacher education work is needed to lay the foundation for and approximate the teaching of linguistically diverse students.
• Athanases, S. & Wong, J. W. (2018). Learning from analyzing linguistically diverse students' work: A contribution of preservice teacher inquiry. The Educational Forum, 82(2), 191-207.

Attention is paid to core practices across subjects and grade levels, including, for example, leading a discussion or eliciting student thinking (Ball & Forzani, 2009 ; Dotger, 2015 ; Kavanagh & Rainey, 2017). However, developing TE pedagogies for core practices in work with linguistically diverse learners has been less fully realized.
• Athanases, S. Z. & Wong, J. W. (2018). Learning from analyzing linguistically diverse students' work: A contribution of preservice teacher

inquiry. The Educational forum, 82(2), 191-207.

Although extensive research has been carried out on the teacher knowledge base in general (Bransford, Brown, & Cocking, 1999; Grossman, 1990; Grossman, Wilson, & Shulman, 1989; Guerrero, 2005; Nespor, 1987; Pajares, 1992; Shulman, 1987) and ESL teacher cognition (Franco-Fuenmayor, Padrón, & Waxman, 2015; Freeman & Johnson, 1998; Gatbonton, 2008; Johnston & Goettsch, 2006; Kanno & Stuart, 2011; Kubanyiova & Feryok, 2015; Liu, 2013; Wright, 2010), there has been no detailed investigations of what mainstream teachers already know and what they need to learn to support ELLs in their classrooms.

• Hilliker, S. & Laletina, A. (2018). What do mainstream teachers think, know, and think they know about English language learners? NYS TESOL Journal, 5(1), 30-50.

Such efforts, though important, fail to address more diverse education classes and PSTs of color who often call for more attention to their experiences, needs, and preparedness to teach culturally and linguistically diverse students and to explore nuanced differences, multiple intersectionalities, and hybrid identities.

• Athanases, S. Z., Banes, L. C., & Wong , J. W. (2015). Diverse language profiles: Leveraging resources of potential bilingual teachers of color. Bilingual Research Journal, 38(1), 65-87.

연구 목적 진술하기

연구 목적을 진술하는 것은 해당 연구가 달성하고자 하는 주요 목표를 명확하고 간결하게 표현하는 과정이다. 명확하게 진술된 연구 목적은 독자에게 연구의 기본 의도와 방향성을 안내하며, 논문의 전체 구조와 논리적 흐름을 설정하는 기준이 된다. 효과적인 연구 목적 진술은 연구자가 해결하고자 하는 문제의 본질을 드러내고, 본 연구가 기존 연구와 차별화되는 지점, 그리고 학문적·실천적 기여 가능성을 명확히 제시한다. 아래는 연구 목적을 진술할 때 활용할 수 있는 주요 언어 표현 예시이다.

In this paper, we propose an alternative approach to rubrics-based classroom assessment.
• Fang, Z., & Wang, Z. (2011). Beyond rubrics: Using functional language analysis to evaluate student writing. Australian Journal of Language & Literacy, 34(2), 147-165.

This article presents a teacher preparation model—a language-based approach to content instruction (LACI)— developed over the past 10 years of research in content area classrooms with English language learners (ELLs) and based on recent scholarship on the language demands of schooling
• de Oliveira, L. C. (2016). A language-based approach to content instruction (LACI) for English language learners: Examples from two elementary teachers. International Multilingual Research Journal. 10(3), 217-231.

The purpose of this paper is to provide an overview of the issues related to teacher identity stemming from recent literature and to suggest the implications for effective teacher education embedded in the discussion of these issues.
• Beauchamp, C. & Thomas, L. (2009). Understanding teacher identity: an overview of issues in the literature and implications for teacher education. Cambridge Journal of Education, 39(2), 175-189.

In the present study, we focus on a core practice of reviewing and carefully assessing student work, with attention to viewing that work as language and meaning in process.
• Athanases, S. & Wong, J. W. (2018). Learning from analyzing linguistically diverse students' work: A contribution of preservice teacher inquiry. The

Educational Forum, 82(2), 191-207.

We aim to add to this body of literature concerning the education and experiences of prospective Latino/a teachers and to see how their concerns, strengths, hopes, and struggles are negotiated in their program of teacher education, whom they see themselves teaching, and how they imagine working with children and youth.
• Gomez , M. L. , Rodriguez , T. L. , & Agosto , V. (2008). Life histories of Latino/a teacher candidates. Teachers College Record, 110(8), 1639-1676.

성찰 질문

문제해결식 연구방법론을 활용하여 자신의 연구 주제에 대한 개요를 작성해보자.

순환적 과정(문제 정의 → 문제 분석 → 해결책 결정 → 실행 → 평가) 중에서 본인에게 가장 도전적이라고 느껴지는 단계는 무엇이며, 그 이유는 무엇인가?

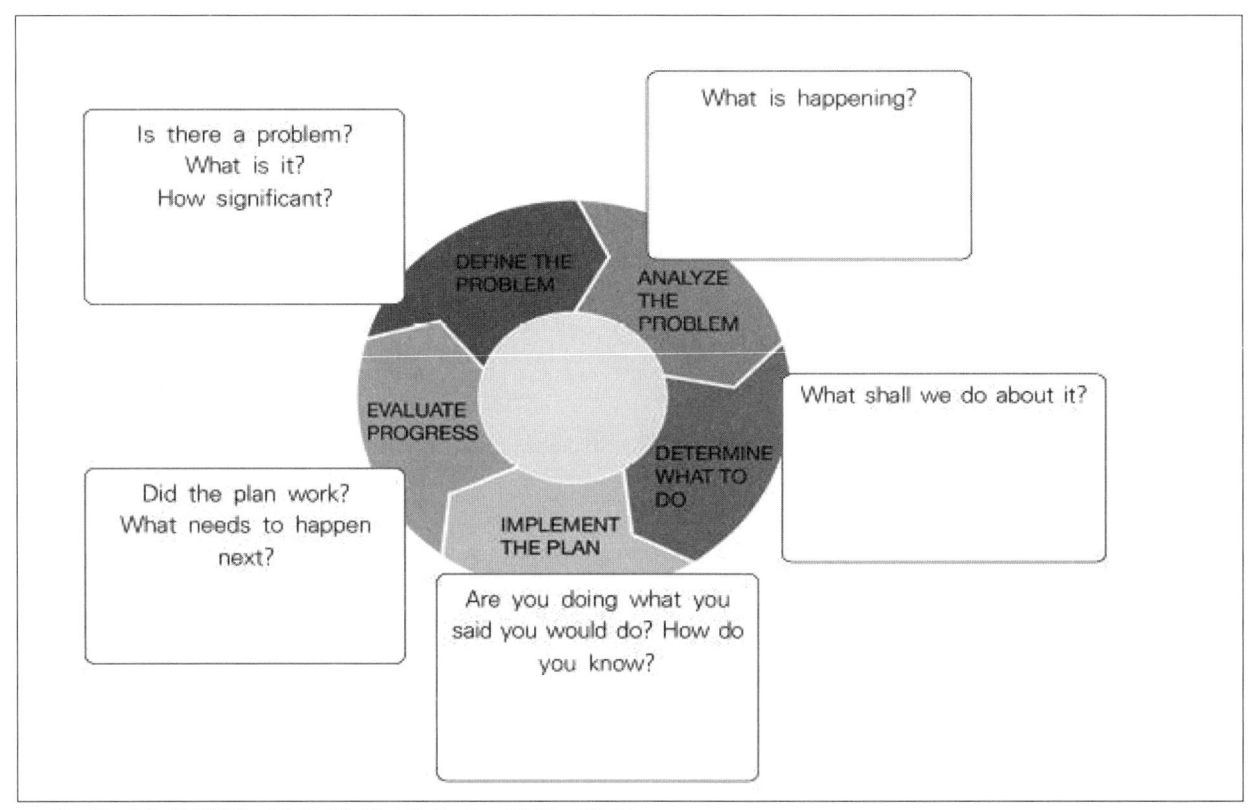

그림 8) 문제해결 연구방법 적용을 위한 질문

연구 영역을 설정하고, 연구/지식 공백을 식별하며, 연구 목적을 진술하는 과정을 통해 문제에 대한 글쓰기를 시작해보자. 진술을 공식화하는 과정에서 특히 어렵거나 막히는 지점이 있다면, 그 원인은 무엇이라고 생각하는가?

PART 2 : 연구 절차별 가이드라인
9장. 이론적 기반 확립

9장. 이론적 기반 확립

도입 질문

- 이론적 기반(Theoretical framework)에 대해 어떻게 이해하고 있는가?
- 견고한 이론적 기반이 교육 연구에서 중요한 이유는 무엇이라고 생각하는가?
- 본인의 연구를 위해 이론적 기반을 어떻게 선정하고 구축할 것인지, 그 첫 단계를 어떻게 시작할 수 있을지 설명할 수 있는가?

학습 목표

- 견고한 이론적 기반을 구축하기 위한 다양한 접근법을 구별한다.
- 자신의 연구에 적합한 이론적 기반 구축 전략을 탐색하고 선택한다.

이론적 기반의 의미와 중요성

견고한 이론적 틀을 구축하는 것은 연구에서 제시하고자 하는 논증을 강화하고, 연구의 목적과 목표를 체계적으로 탐색할 수 있는 틀을 제공한다는 점에서 필수적이다. 충분히 검토된 이론적 기반은 연구의 신뢰성을 제고할 뿐만 아니라, 자료 수집과 분석 전반에 걸쳐 일관되고 조직적인 접근을 가능하게 한다.

연구에 이론을 통합하는 방법
연구와 논문 작성에서 이론을 효과적으로 통합하는 주요 방식은 다음과 같이 세 가지로 정리할 수 있다.

기존 연구의 이론적 배경/틀 활용
가장 전통적인 접근은 해당 분야에서 널리 인정받는 학자의 이론적 틀을 도입하는 것이다. 이러한 확립된 이론들은 연구의 기본 원리와 핵심 개념을 제공하며, 자료 수집과 분석에 적합한 방법론까지 안내한다. 이러한 방식은 연구의 신뢰성과 일관성을 높이며, 학문적 담론과의 연속성을 보장한다.

개념적 틀(Conceptual Framework) 구성
또 다른 방법은 기존 이론을 융합하거나 수정하여 연구 맥락에 적합한 개념적 틀을 개발하는 것이다. 연구자들은 여러 이론이나 프레임워크를 조합함으로써 연구 주제의 특성과 방법론적 요구에 맞는 틀을 만들 수 있다. 이러한 방식은 이론적 기반의 유연성을 확보하고, 타 분야 이론까지 폭넓게 활용하여 창의적이고 혁신적인 연구 접근을 제안할 수 있다는 장점이 있다.

근거이론(Grounded Theory) 접근
연구가 아직 충분히 탐구되지 않은 새로운 영역을 다룰 때는, 자료로부터 직접 이론을 도출하는 근거이론 접근이 선택될 수 있다. 이 과정은 상당한 시간과 전문성을 요구하므로, 연구 경험이 많은 연구자에게 더 적합하다. 따라서 본 교재에서는 근거이론 접근을 깊이 다루지 않는다.

견고한 이론적 기반을 구축하면, 연구자는 학문적 엄격성을 갖출 뿐 아니라 연구 질문에 대해 깊이 있고 통찰력 있는 논의를 펼칠 수 있다. 이론적 틀은 연구 전반의 방향을 잡아주는 역할을 하며, 연구 결과 해석의 신뢰할 만한 기준점이 된다.

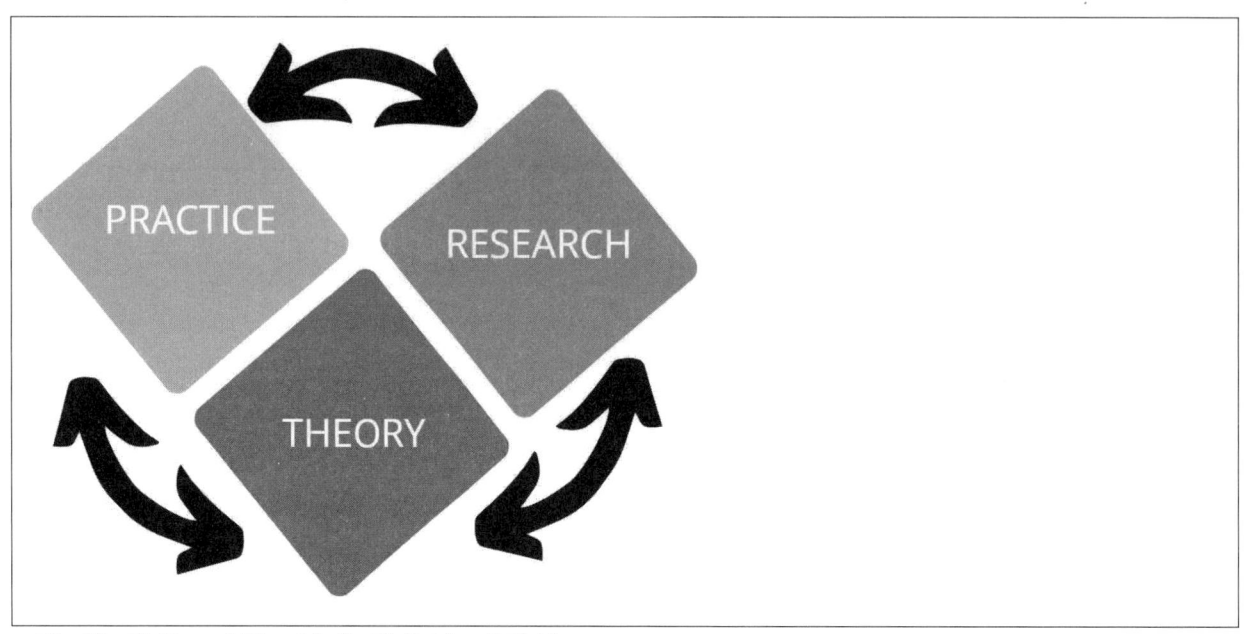

그림 9) 연구, 이론, 실제 적용의 연결성

기존 연구의 이론적 틀 활용

연구 초기 단계에서 중요한 선행 연구와 이론을 면밀히 검토하는 것은 모든 연구자에게 필수적이다. 특히 초보 연구자라면, 연구의 방향성과 방법론을 결정하기에 앞서, 핵심 선행 연구를 충분히 파악해야 한다. 일반적으로 양적 연구에서는 확립된 이론적 틀을 통해 기존 이론을 검증하는 반면, 질적 연구에서는 기존 이론을 확장하는 것을 목표로 한다. 다만, 이 구분이 절대적인 규칙은 아니며, 다양한 예외가 존재한다. 이미 확립된 이론적 접근법을 채택하더라도, 단순한 모방이 아니라 독창적인 연구 주제를 설정하고, 기존 이론이나 실증 연구를 철저히 비판적으로 고찰하는 과정이 반드시 필요하다. 이는 해당 분야에 새로운 시각을 제공하거나 학문적 논의를 확장하는 데 기여한다.

'이론-연구-실천'의 순환적 관계를 인식하는 것도 중요하다. 이론에 기반한 연구는 교육 실천의 변화를 유도하며, 실천의 변화는 다시 이론과 연구 발전에 영향을 미친다. 따라서 연구자가 자신의 연구가 어떻게 현실 교육 현장에 적용될 수 있는지를 고려하는 것은 연구의 학문적·교육적 가치를 높이는 데 중요한 과정이다.

본인만의 개념적 틀 구성

개념적 틀은 실증 연구에서 핵심적 역할을 한다. 이는 연구자가 다양한 이론적 관점이나 측면을 의도적으로 연결·통합함으로써, 연구 질문에 보다 정밀하게 답할 수 있도록 돕는다. 예컨대, 두 가지 이상의 이론을 조정하거나 융합하여 개발된 개념적 틀은 새롭고 참신한 시각을 제공할 수 있다. 단일 이론의 한계를 인식하고, 필요할 경우 타 분야의 이론을 보완적으로 도입하는 것도 효과적인 전략이다.

실제 연구 사례에서는 언어 교사 정체성(teacher identity)에 대한 기존 연구의 이론적 통찰과, '대화적 자아'(dialogical selves) 이론을 융합하여 초등 예비교사의 전문적 정체성 형성과정에 대한 개념적 틀을 개발한 예도 있다. 이처럼 개념적 틀을 구성하면 연구 데이터 해석과 논의에서 더욱 차별화된 분석과 통찰을 제공할 수 있다. 나아가, 다양한 이론적 개념의 통합을 통해 연구의 독창성을 강화하고, 실천적·이론적 기여를 극대화할 수 있다.

Dialogical Self Theory
Embodied multiple positions

- Multiple I-positions with independent voices engaging in dialogues
- Can disagree, contradict or create conflicts

Language Teacher Identity Research

- Positioning of self shaped by social, racial, linguistic, and personal identities

Dialogical Self Theory
Internal and external dimensions of self

- Internal: positioning self in personal or social positions
- External: perceptions of how 'I' am positioned by other relevant objects or people

Language Teacher Identity Research

- Internal: values & beliefs toward language
- External: positioned by ELLs, school/program curricula

Dialogical Self Theory
Outside positions of self

- Position and positioning in time and space with social relations
- Abstract people, objects, or contexts

Language Teacher Identity Research

- Positioning by sociocultural contexts (e.g., school curricula, language ideologies, etc..)

그림 10) 개념적틀(Conceptual Framework)의 구조화 예시

Research and Theoretical Strands of Dialogical Teacher Professional Identities (Kim, 2021)

개념/용어/대상 정의하기

학술적 영어 글쓰기에서 '정의하기'는 생각보다 훨씬 더 빈번하게 요구되는 언어적 기능 중 하나이다. 연구자는 특정 개념이나 용어, 또는 대상을 독자가 명확하게 이해할 수 있도록 정의해야 하며, 이는 논문의 신뢰성과 논리 전개에 중요한 역할을 한다.

그러나 조보 연구사들이 정의하기를 시도힐 때, 단순히 사진적 의미를 반복히기니 똑같은 어구와 표현을 여러 번 사용하는 경향이 있다. 이로 인해 글이 반복적이며, 때로는 독자에게 지루하게 느껴질 수 있다. 따라서 학술적 글쓰기에서는 다양한 전략을 활용하여 개념, 용어, 또는 대상을 명확하고 흥미롭게 정의하는 것이 필요하다. 아래는 개념, 용어, 또는 대상을 정의하는 여러 가지 방법의 예시이다.

Identity can be conceptualized as "stories to live by" (Clandinin, Downey, & Huber, 2009, p. 141) or as "those narratives about individuals that are reifying, endorsable and significant" (Sfard & Prusak, 2005, p.16).
• Dinham, J., Chalk, B., Beltman, S., Glass, C., & Nguyen, B. (2017). Pathways to resilience: how drawings reveal pre-service teachers' core narratives underpinning their future teacher-selves. Asia-Pacific Journal of Teacher Education, 45(2), 126-144.

The concept of the index has particular value for construing the role of emotions as one of signaling, or pointing to, areas of nascent cognitive development in the teacher learner. Simply put, when a teacher expresses an emotion, the message of that underlying response is an indexical 'look here, pay attention to this' relative to some area of cognitive understanding.
• Golombek, P. & Doran, M. (2014). Unifying cognition, emotion, and activity in language teacher professional development. Teaching and Teacher Education, 39 (2014), 102-111.

English language learners (ELLs)—that is, students who speak a first language other than English—now account for nearly 10% of the U.S. public school student population (Kena et al., 2016).
• Lucas, T., Strom, K., Bratkovich, M., & Wnuk, J. (2018). Inservice preparation for mainstream teachers of English language learners: A review of the empirical literature. The Educational Forum, 82(2), 156-173.

My use of the term academic knowledge includes both the knowledge acquired in arts and science and education courses.

• Zeichner, K. (2010). Rethinking the connections between campus courses and field experiences in college- and university-based teacher education. Journal of Teacher Education, 61(1-2), 89-99.

Cochran-Smith and Lytle (1993) define teacher research as "systematic, intentional inquiry by teachers" (p. 5)

• Dana, N. F., Yendol-Hoppey, D., & Snow-Gerono (2006). Deconstructing inquiry in the professional development school: Exploring the domains and contents of teachers' questions. Action in Teacher Education, 27(4), 59-71.

비교와 대조

비교와 대조는 학술적 영어 글쓰기에서 매우 유용한 전략이자 필수적인 언어적 기능이다. 연구 주제의 특성을 부각시키거나, 기존 연구와의 차별성을 설명하고, 결과 해석의 깊이를 더하는 데 중요한 역할을 한다. 논문의 문제 설정, 문헌 검토, 결과 해석, 결론 도출 등 다양한 단계에서 비교와 대조를 적절히 활용하면 독자에게 더 명확하고 설득력 있는 논지를 제시할 수 있나. 나음은 비교와 대조를 시직힐 때 횔용할 수 있는 대표적인 언어적 도구와 예시 표현이다.

It should be stated that there are epistemological differences between translanguaging and code-switching even though instances of the latter may be part of the former. Unlike code-switching, which refers to the use of two or more separate languages and the shifting of one code to another (Hornberger & Link, 2012), translanguaging does not recognise boundaries between languages, but focuses on what the speakers do with their language repertoires. From these repertoires, the speakers 'select language features and soft assemble their language practices in ways that fit their communicative needs' (García, 2011: 7). Furthermore, code-switching often carries language-centred connotations of language interference, transfer or borrowing of codes (see also Makalela, 2013) while translanguaging shifts lens from cross-linguistic influence to how multilinguals intermingle linguistic features (Hornberger & Link, 2012: 263).
• Makalela, L. (2015). Translanguaging as a vehicle for epistemic access: Cases for reading comprehension and multilingual interactions. Per Linguam: a Journal of Language Learning= Per Linguam: Tydskrif vir Taalaanleer, 31(1), 15-29.

The main disputes within this framework arise over whether state interests will be served by engaging in particular interventions. By contrast, studies informed by alternative mapping and nontechnical issues: utopianism, cosmopolitanism, constructivism, and postmodernism, have been relatively few and far between, overshadowed by policy-driven concerns.
• Pugh, M. (2004). Peacekeeping and critical theory. International peacekeeping, 11(1), 39-58.

Across educational attainment levels, there appears to be no relationship between educational attainment and the belief that war is sometimes or always justified in Jordan and Pakistan. In contrast, it appears as if educational attainment is associated with believing that war is sometimes or always justified in Lebanon and Turkey.

• Shafiq, M. N. & Ross, K. (2010). Educational attainment and attitudes towards war in Muslim countries contemplating war: The cases of Jordan, Lebanon, Pakistan, and Turkey. Journal of Development Studies, 46(8), 1424-1441.

While the defining characteristic of neo-liberalism is largely based on the central tenets of classical liberalism, in particular classic economic liberalism, there are crucial differences between classical liberalism and neo-liberalism. These differences are absolutely essential in understanding the politics of education and the transformations education is currently undergoing. Mark Olssen (1996) clearly details these differences in the following passage.

• Apple, M. (2001). Comparing neo-liberal projects and inequality in education. Comparative Education, 37(4), 409-423.

Finland was the top overall performer among OECD countries in 2000 and 2003 PISA studies, and the only country that was able to improve performance.

• Sahlberg, P. (2011). PISA in Finland: An education miracle or an obstacle to change?. CEPS Journal: Center for Educational Policy Studies Journal, 1(3), 119.

More than half of Finnish students reached level 4 or higher in reading literacy, in comparison to the United States, where only approximately one quarter of all students were able to do the same.

• Sahlberg, P. (2011). PISA in Finland: An education miracle or an obstacle to change?. CEPS Journal: Center for Educational Policy Studies Journal, 1(3), 119.

The variation in HDI explains 54% of the between-country variation in civic knowledge, showing that national averages of civic knowledge are related to factors reflecting the general development and wellbeing of a country. This finding is similar to those from other international studies of educational outcomes; however, it does not necessarily mean that there is a causal relationship between civic knowledge and the overall development of a nation.

• Sahlberg, P. (2011). PISA in Finland: An education miracle or an obstacle to change?. CEPS Journal: Center for Educational Policy Studies Journal, 1(3), 119.

성찰 질문

두 가지 접근법, 즉 '기존 연구로부터의 도출'과 본인 스스로의 '개념적 틀 구축'을 고려해봐. 본인의 연구에서 이론적 토대를 어떠한 방식으로 설정할 것인지 구체적으로 생각해보자.

Drawing from established work	Constructing a conceptual framework
Who are the established theorists and scholars in your field? What are theories and concepts emerging in the most recent literature?	What are the limitations of the existing theories and concepts? What are theories and concepts in other fields that could inform your research?

표2) 이론적 배경 작성을 위한 성찰질문

1. 기존 연구로부터의 도출
본인의 연구 분야에서 확립된 주요 이론가와 학자들은 누구인가?
최근 문헌에서 제시되고 있는 주요 이론과 개념은 무엇인가?

2. 이론적/개념적 틀 구축
기존 이론 및 개념이 지니고 있는 한계는 무엇인가?
본인의 연구에 이론적 근거를 제공할 수 있는 타 분야의 이론이나 개념에는 무엇이 있는가?

앞서 제시된 언어적 도구 목록을 활용하여, 본인의 연구를 위한 이론적 토대를 설정하는 문장을 몇 가지 작성해보자.

PART 2 : 연구 절차별 가이드라인
10장. 포괄적 문헌 검토

10장. 포괄적 문헌 검토

도입 질문

- 연구 일정과 논문 작성의 여러 단계 중, 문헌 고찰 과정은 언제 시작하는가?
- 문헌 고찰은 어떠한 방법으로 수행할 수 있는가?
- 문헌 고찰의 내용을 어떻게 조직화하고 제시하는 것이 가장 효과적인가?

학습 목표

- 문헌 고찰을 완성하기 위해 요구되는 주요 과업과 절차를 명확히 설명한다.
- 연구의 목적과 목표를 효과적으로 전달하기 위해 문헌 고찰을 논리적이고 체계적으로 구성한다.

포괄적인 문헌고찰에 참여하는 것은 논문 및 모든 학술적 글쓰기에서 성공을 좌우하는 핵심 요소이다. 이 과정은 평생학습과 자기주도적 연구 역량을 심화시킬 뿐만 아니라, 해당 분야에 대한 깊이 있는 이해를 가능하게 하여 관련 문제의 정확한 식별과 독창적인 연구 수행을 돕는다. 논문 내에서 견고한 문헌고찰을 구축하는 것은 특정 쟁점이나 현상에 초점을 두고 전체 논증의 설득력을 강화하는 데 필수적이다. 반대로, 광범위한 문헌고찰이 이루어지지 않으면 학술 연구와 논문 작성 과정에서 다양한 한계에 봉착할 수 있다. 특히, 견고한 이론적 토대의 부재는 연구자가 변수 간 관계의 표면만을 다루거나 이론적 배경 없이 성급하게 일반화하는 결과를 초래할 수 있다(자세한 내용은 9장 참조).

또한, 선행 연구의 부적절한 조직과 종합은 추상적인 자료 수집으로 이어지기 쉽고, 이는 이전 연구의 단순 반복이라는 한계에 머물 수 있다. 문제해결식 연구방법론이 충분히 적용되지 않을 경우, 문제 정의와 연구의 정당성 측면에서 명확성이 결여된 연구로 귀결될 수 있다. 더 나아가, 연구의 독창성이 약화되어 연구 작업이 해당 분야에 어떠한 독특한 기여를 했는지 강조하는 설득력 있는 논증을 구성하기 어려워질 수 있다.

관련 문헌의 탐색과 문서화

문헌 검색을 시작하기 전에는 연구 문제와 질문이 충분히 명확하게 정의되어 있는지 반드시 확인해야 한다(8장 참조). 문헌고찰 과정은 주로 문제를 식별하는 단계에서 출발하여, 이론적 토대를 구축하는 전 과정에 걸쳐 지속되며, 문헌고찰 부분을 집필하는 단계에 이른다. 선행 연구를 검토하는 과정에서 연구의 공백을 파악하고, 관련 이론과 개념을 심층적으로 이해하며, 이들이 자신의 연구와 어떻게 연결되는지 탐색하게 된다. 아래의 질문들은 효과적인 문헌 탐색과 정리에 도움을 줄 수 있다.

핵심어 식별
자신의 연구 주제와 연관된 선행 연구에서 사용된 핵심 용어, 개념, 키워드는 무엇인가?

광범위한 독서
선행 연구들은 어떤 문제를 다루었으며, 이를 어떻게 접근하고 해결하였는가?

자료의 수집과 취합
유사한 연구 질문이나 문제를 다루고자 했던 경험적 연구는 무엇인가?

정밀한 독서
해당 연구들의 연구 질문, 이론적 틀, 방법론, 주요 발견 및 결과는 무엇이었는가?

이론적 관점을 통한 분석
자신이 선택한 이론적 관점을 적용한 연구는 무엇이며, 이들이 자신의 연구와 어떻게 관련되는가?

공백의 식별
선행 연구가 밝혀낸 바와 아직 탐구되지 않았거나 불충분하게 다뤄진 측면은 무엇인가?

연구의 독창성 재확인
자신의 연구가 기존 연구와 어떻게 차별화되며, 문헌고찰을 통해 자신의 연구 필요성을 어떻게 정당화할 수 있는가?

이러한 질문들을 체계적으로 고려함으로써, 논문과 연구를 위한 견고한 토대를 마련할 수 있고, 충분한 정보에 기반한 독창적이며 설득력 있는 학술적 기여를 보장할 수 있다.

바람직하지 않은 문헌고찰의 유형

문헌고찰은 고도의 지식과 글쓰기 역량을 요구하므로, 초보 연구자들에게는 다소 부담스럽게 느껴질 수 있다. 게다가 문헌고찰은 문제 정의 단계에서부터 시작해 논문 집필의 마지막까지 반복적으로 이어진다. 다음은 초보 연구자 및 작성자들이 문헌고찰 작성 시 흔히 저지르는 주요 실수와 그에 따른 유의점이다.

특정 자료에 대한 과도한 의존
6장에서 언급한 바와 같이, 특정 자료 자체에만 과도하게 의존하는 것은 바람직하지 않다. 연구자가 주제에 대한 전문성에 자신이 없을수록 문헌에 지나치게 기대어 자신만의 목소리를 내지 못하는 경향이 있다. 특히 블로그, 뉴스 기사, 칼럼 등은 신뢰성이 낮으므로, 동료심사 학술지 논문과 평판 있는 학술서적을 우선 활용해야 한다. 자료의 내용을 반복하기보다는 자신만의 해석과 비판적 논의가 반드시 동반되어야 한다.

기념비적 연구의 부재
부적절한 문헌고찰은 해당 분야의 토대를 이룬 핵심 연구와 학자의 기념비적 작업을 간과할 때 발생한다. 해당 분야의 중요한 이론과 개념, 그리고 그 기초가 된 연구를 충실히 검토하고, 그 맥락 안에 자신의 연구를 위치시킬 필요가 있다.

최신 문헌의 부족
문헌고찰은 기초 연구뿐 아니라 최근 연구 동향과 논쟁까지 포괄해야 한다. 일반적으로 최근 5년 이내에 출간된 논문을 충분히 검토하는 것이 바람직하며, 10년보다 오래된 연구에만 지나치게 의존하지 않도록 유의해야 한다. 최근 연구를 충분히 검토하지 않으면, 자신의 연구가 최신 학계 흐름을 따라갈 수 없다.

종합적 분석의 부족
문헌고찰을 개별 연구 결과의 단순한 나열로 인식하는 것은 바람직하지 않다. 각 연구가 어떻게 서로 연결되는지, 그리고 자신의 연구와 어떤 연관성이 있는지를 종합적으로 서술해야 한다. 기존 연구의 다양한 결과들을 하나의 논리적 흐름으로 엮어내는 것이 필수적이다. 문헌고찰을 하나의 퍼즐로 생각한다면, 최종 그림을 명확히 인식하고 각 퍼즐 조각을 올바르게 맞추는 작업이 필요하다.

문헌고찰의 조직화

문헌고찰도 다른 학술 글쓰기와 마찬가지로 서론, 본론, 결론의 구조를 따르는 것이 원칙이다. 특히 본론의 조직화에 충분한 시간을 들여야 하며, 그 방식에 따라 논문의 흐름과 설득력이 달라진다.

연대순 조직
자료를 출간 연도 순으로 배열하는 방식으로, 특정 개념이나 이론, 연구 동향의 역사적 발전을 보여주는 데 유용하다. 다만, 이 방식은 논증의 일관성과 논리적 연계성이 저해될 수 있다는 한계가 있다.

주제별 조직
주요 주제와 하위 주제별로 문헌을 구분하여 제시하는 방식이다. 이는 논리적 일관성을 높이고, 연구 목표 및 논쟁의 구조적 개관을 제공하는 데 도움이 된다. 하위 주제 내에서는 연대순적 전개도 가능하다.

방법론적 조직
선행 연구에서 활용된 연구 방법이나 접근법에 따라 문헌을 분류하는 방식으로, 이어지는 방법론 파트와의 논리적 연결성을 강화한다.

논증 기반 조직
자료를 핵심 논쟁 중심으로 구성하여, 연구자의 비판적 시각을 명확히 드러낼 수 있다. 이 방식은 필요한 경우 주제 외부의 이론이나 관련 문헌을 자연스럽게 통합할 수 있다는 장점이 있다.

문헌고찰 본론의 조직화는 단순히 한 가지 방식만을 따르기보다, 연구 주제와 목적에 따라 여러 방식을 혼합하여 반복적으로 배열하고 재구성하는 과정을 거치는 것이 일반적이다. 실제로는 주제별, 논증적 접근이 복합적으로 적용되는 경우가 많다. 이처럼 조직적이고 체계적으로 문헌고찰을 작성하는 것은 연구의 신뢰성과 독창성을 높이는 데 반드시 필요한 과정임을 명심해야 한다.

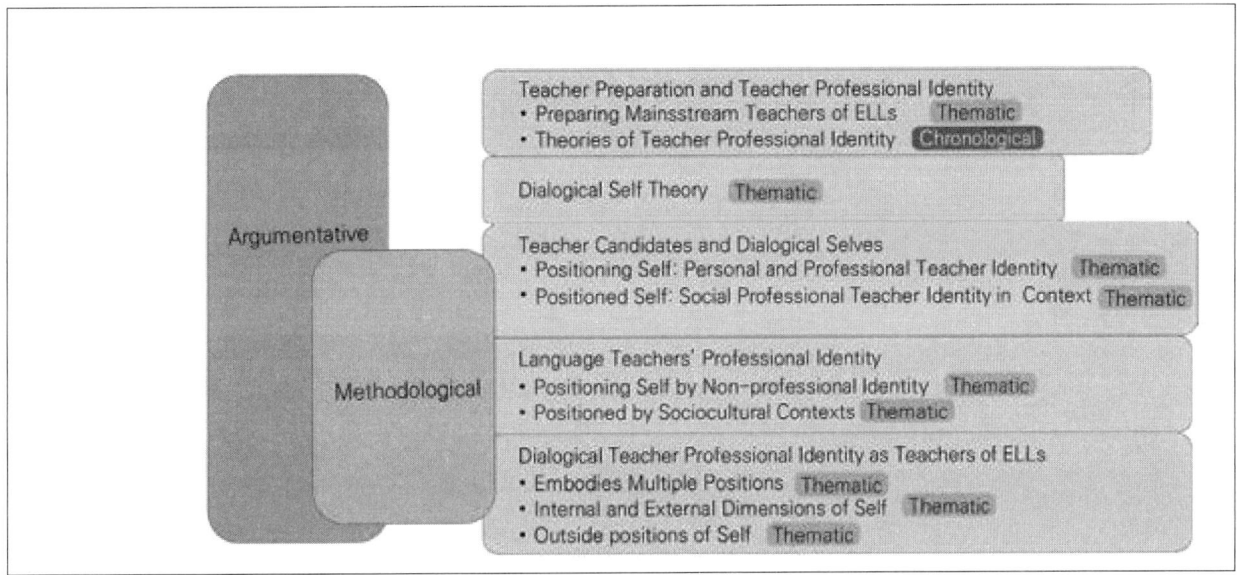

그림 11) 선행연구 구조화의 예시

문헌고찰 작성에 관하여

문헌고찰을 효과적으로 작성하기 위해서는 다양한 언어적 기능을 적절히 활용하는 것이 중요하다. 대표적인 예로는 예시 제공하기, 자료 인용 및 타인의 연구 결과 보고하기, 그리고 전환 신호 사용하기 등이 있다.

예시 제공하기

예시 제공하기란 논의 중인 개념, 주장, 또는 이론을 보다 명확히 설명하고 독자의 이해를 돕기 위해 구체적인 사례나 실제 연구 결과, 또는 설명을 전략적으로 사용하는 것을 의미한다. 예시는 추상적인 내용을 구체화하여, 논거의 설득력을 높이고, 문헌고찰의 전반적인 질과 효과성을 향상시키는 필수적인 글쓰기 기능이다. 또한, 연구 목적과 목표를 부각시키는 데에도 효과적으로 활용될 수 있다. 예를 들어, "Kim(2021)의 연구에서는…" 와 같이 실제 연구 사례를 들어 설명함으로써, 자신의 논의를 뒷받침할 수 있다.

Various approaches have been used to approximate the process of teaching linguistically diverse students and to promote moving beyond deficit perspectives of these students and their learning. Efforts include modeling linguistically responsive actions to gain familiarity with students' varied linguistic and academic backgrounds (Lucas, Villegas, & Freedson-Gonzalez, 2008) and role-playing emergent bilingual learners in a mathematics lesson taught in Portuguese with and without language scaffolds (de Oliveira, 2011).
• Athanases, S. & Wong, J. W. (2018). Learning from analyzing linguistically diverse students' work: A contribution of preservice teacher inquiry. The Educational Forum, 82(2), 191-207.

Grammar accuracy is the primary criterion by which they assessed a person's command of language. As an example, Emily's comment was that whatever "roughness" is present in an international pal's writing is labeled as nonstandard grammar.
• Hilliker, S. & Laletina, A. (2018). What do mainstream teachers think, know, and think they know about English language learners? NYS TESOL Journal, 5(1), 30-50.

This disjunction between research and practice stems from practical factors (e.g., too few bilingual teachers), ideological factors (e.g., opposition to languages other than English in schools), and federal policy. For instance, the No Child Left Behind Act of 2001 (NCLB, 2003) required schools to monitor the academic performance of ELLs through state standardized tests.

• Lucas, T., Strom, K., Bratkovich, M., & Wnuk, J. (2018). Inservice preparation for mainstream teachers of English language learners: A review of the empirical literature. The Educational Forum, 82(2), 156-173.

In another example, Campbell (2008) reported that at the University of Washington, Seattle, where interns participated in mediated instruction in their math certification program, they developed a deeper understanding of the promoted teaching practices and were more successful in enacting the practices in diverse urban secondary schools.

• Zeichner, K. (2010). Rethinking the connections between campus courses and field experiences in college- and university-based teacher education. Journal of Teacher Education, 61(1-2), 89-99.

Some teacher educators, though, have taken advantage of the school location and have strategically connected their school-based methods course to the practices and expertise of teachers in those schools. One example of this is the work during the past few years at the University of Washington, Seattle, where methods instructors in elementary and secondary teacher education have held a portion of their courses in a K-12 partner school.

• Zeichner, K. (2010). Rethinking the connections between campus courses and field experiences in college-and university-based teacher education. Journal of Teacher Education, 61(1-2), 89-99.

자료 인용하기/타인의 연구 결과 보고하기

자료 인용과 타인의 연구 결과를 보고하는 것은 문헌고찰에서 핵심적인 글쓰기 관행 중 하나로, 선행 연구자들의 아이디어와 연구 결과를 적절히 인용하고 그 공로를 명확히 인정하는 것을 의미한다.

문헌고찰 작성 시, 해당 학문 분야에서 요구하는 인용 양식(예: APA, MLA, Chicago 등)에 따라 참고 문헌의 구체적인 세부사항을 정확하게 제시해야 한다. 이러한 인용 및 보고는 자신의 주장이나 논의를 뒷받침할 근거를 제공하며, 연구의 신뢰도와 학문적 정직성을 보장하는 데 중요한 역할을 한다. 또한, 다양한 연구자와 학자의 연구 결과를 인용할 때에는 표현의 단조로움을 피하고자 다양한 언어적 옵션과 전환 표현을 활용하는 것이 바람직하다. 예를 들어, "Smith(2019)는 …을 발견하였다", "최근 연구에 따르면 …", "여러 선행 연구에서 …가 보고되었다"와 같은 다양한 방식으로 내용을 소개할 수 있다.

Studies have found that translanguaging is a social practice that goes beyond classroom interactions and that it includes all metadiscursive regimes that are performed by all multilingual speakers in their everyday way of making sense of the world around them (García, 2009; Wei, 2011). To explain this phenomenon, García (2009) uses a metaphor of an all-terrain car that has wheels that extend, contract, flex, and stretch while making movements that are irregular on 'an uneven ground' (García, 2009: 45).
• Makalela, L. (2015). Translanguaging as a vehicle for epistemic access: Cases for reading comprehension and multilingual interactions. Per Linguam: a Journal of Language Learning= Per Linguam: Tydskrif vir Taalaanleer, 31(1), 15-29.

In education, King (2004) draws on Wynter's scholarship to propose a "deciphering" form of culture-centered knowledge that moves beyond relations of domination, masked by calls for unity, toward conditions of autonomy where "differences are not suppressed or ranked" (p. 357). She defines culture-centered knowledge as the "thought, perception, and belief structures" that contribute to generating "the coherence of a referent social framework" required "to secure the loyalty, motivated participation, and relevant consciousness of its subjects (adherents)" (p. 357).
• North, C. E. (2006). More than words? Delving into the substantive meaning

(s) of "social justice" in education. Review of Educational Research, 76(4), 507-535.

Cochran-Smith (2005) argues that social, intellectual, and organisational contexts shape the learning of teachers enrolled in preparation programmes and therefore attitudes regarding diversity can be addressed through the reconceptualisation of teacher education programmes.

• Cardona Moltó, M. C., Florian, L., Rouse, M. & Stough, L. M. (2010) Attitudes to diversity: a cross-cultural study of education students in Spain, England and the United States, European Journal of Teacher Education, 33(3), 245-264.

Openly condemning the racialised standards of the ideological War on Terror, Danticat describes such inhuman treatment of Haitian refugees as the 'most horrifying distortion of the American dream, which is now only made up of prison nightmares' (2004, p. 172).

• Pulitano, E. (2013). In liberty's shadow: the discourse of refugees and asylum seekers in critical race theory and immigration law/politics. Identities, 20(2), 172-189.

Emler and Frazer (1999) explain that educational attainment indirectly affects political outcomes by determining one's social status and network, which then affect a person's attitudes towards war. The role of educational attainment and institutions, however, can be eclipsed by values instilled by one's family and community.

• Shafiq, M. N. & Ross, K. (2010). Educational attainment and attitudes towards war in Muslim countries contemplating war: The cases of Jordan, Lebanon, Pakistan, and Turkey. Journal of Development Studies, 46(8), 1424-1441.

Moreover, Hefner and Zaman (2007) present qualitative research from a number of Muslim countries showing that most madrassas do not subscribe to fundamentalist and intolerant views.

• Shafiq, M. N. & Ross, K. (2010). Educational attainment and attitudes towards war in Muslim countries contemplating war: The cases of Jordan, Lebanon, Pakistan, and Turkey. Journal of Development Studies, 46(8),

1424-1441.

Ben-Porath (2006) suggests that during wartime, schools in democracies emphasise what she calls 'belligerent citizenship,' focusing on patriotism and national unity.

· Shafiq, M. N. & Ross, K. (2010). Educational attainment and attitudes towards war in Muslim countries contemplating war: The cases of Jordan, Lebanon, Pakistan, and Turkey. Journal of Development Studies, 46(8), 1424-1441.

As Gillborn (1997b) notes This is a powerful technique. First, it assumes that there are no genuine arguments against the chosen position; any opposing views are thereby positioned as false, insincere or self-serving. Second, the technique presents the speaker as someone brave or honest enough to speak the (previously) unspeakable. Hence, the moral high ground is assumed and opponents are further denigrated (p. 353).

· Apple, M. (2001). Comparing neo-liberal projects and inequality in education. Comparative Education, 37(4), 409-423.

As Roger Dale reminds us, 'the market' acts as a metaphor rather than an explicit guide for action. It is not denotative, but connotative. Thus, it must itself be 'marketed' to those who will exist in it and live with its effects [quoted in Menter et al. (1997, p. 27)].

· Apple, M. (2001). Comparing neo-liberal projects and inequality in education. Comparative Education, 37(4), 409-423.

전환 신호하기

학술적 영어 글쓰기에서 전환 신호를 사용하는 것은 연구 논문과 각종 학술 텍스트 전반에 걸쳐 반드시 활용해야 할 중요한 언어적 기능 중 하나이다. 전환 신호는 독자로 하여금 한 아이디어, 문단, 또는 섹션에서 다른 부분으로 자연스럽게 이동할 수 있도록 안내함으로써, 글의 논리적 흐름과 구조적 일관성을 확보한다.

이러한 기능은 새로운 주제를 도입하거나, 정보의 요약 또는 정리를 제시하며, 서로 다른 논점이나 근거 간의 연결성을 강조하는 데 효과적이다. 예를 들어, "한편", "더 나아가", "반면에", "요약하면", "이와 관련하여"와 같은 표현들은 초점의 전환, 새로운 논점의 도입, 또는 이전 논의와의 연결을 명확하게 하는 데 자주 사용된다. 적절한 전환 신호의 사용은 독자가 저자의 논리 전개를 따라가면서 전체 텍스트의 흐름을 쉽게 이해하도록 돕는다. 결과적으로, 글의 일관성과 조직력이 한층 강화된다.

The above studies point to the gap between the orientation to language of the state (as expressed in its language policy) and the orientation to language in everyday contexts. The plurilingual communicative practices we see in schools and social domains point to a different orientation to language contact. While the policy statements envision the relationship between languages in one way, everyday practices at the ground level point to a different orientation. We will turn to this distinction below.
• Canagarajah, S. & Ashraf, H. (2013).Multilingualism and education in South Asia: Resolving policy/practice dilemmas. Annual Review of Applied Linguistics, 33, 258-285.

Based on the plurilingual tradition described in the last section, we can understand why Khubchandani (2008) was critical of policies based on "privileges and parity." He favored a pedagogy that facilitates functional proficiency in different languages for different purposes.
• Canagarajah, S. & Ashraf, H. (2013). Multilingualism and education in South Asia: Resolving policy/practice dilemmas. Annual Review of Applied Linguistics, 33, 258-285.

As discussed in the Introduction, the conventional view is that educated people are more likely to support peaceful perspectives, such as pacifism or just war theory.

• Shafiq, M. N. & Ross, K. (2010). Educational attainment and attitudes towards war in Muslim countries contemplating war: The cases of Jordan, Lebanon, Pakistan, and Turkey. Journal of Development Studies, 46(8), 1424-1441.

These claims, both about what is happening inside schools and about larger sets of power relations, are supported by even more recent synthetic analyses of the overall results of marketised models. This research on the effects of the tense but still effective combination of neo-liberal and neo-conservative policies examines the tendencies internationally by comparing what has happened in a number of nations-for example, the USA, England and Wales, Australia, and New Zealand-where this combination has been increasingly powerful. The results confirm the arguments I have made here. Let me rehearse some of the most significant and disturbing findings of such research.

• Apple, M. (2001). Comparing neo-liberal projects and inequality in education. Comparative Education, 37(4), 409-423.

Since it is impossible to conclude whether there has been progress in student learning in general, let us look at some school subjects that have been included in international studies individually.

• Sahlberg, P. (2011). PISA in Finland: An education miracle or an obstacle to change?. CEPS Journal: Center for Educational Policy Studies Journal, 1(3), 119.

As previously argued, reference is made to the universal characteristics (etic properties), cultural (emic properties), and individual characteristics of the phenomena or concept studied in trans-cultural research.

• Cardona Moltó, M. C., Florian, L., Rouse, M. & Stough, L. M. (2010) Attitudes to diversity: a cross-cultural study of education students in Spain, England and the United States, European Journal of Teacher Education, 33(3), 245-264.

In the remainder of this essay, then, I explore some of the tensions within theories of recognition and redistribution that bear on approaches to education for social justice.

・North, C. E. (2006). More than words? Delving into the substantive meaning
(s) of "social justice" in education. Review of Educational Research, 76(4),
507-535.

PART 2 : 연구 절차별 가이드라인
11장. 단순 도구를 넘어선 연구 방법론

11장. 단순 도구를 넘어선 연구 방법론

도입 질문

- 연구 방법론에 대해 어떻게 이해하고 있는가?
- 연구 방법론 파트에는 어떠한 내용이 포함되어야 하는가?

학습 목표

- 연구 철학, 연구 방법론, 그리고 구체적 연구 방법들 간의 관계를 실제 예시를 통해 제시한다.

연구방법론은 종종 연구방법과 혼용되어 사용되지만, 실질적으로는 신중한 구분이 요구되는 별개의 개념이다. 연구방법론은 철학적 원리와 관점에 근거하여 연구를 이끄는 보다 포괄적이고 근본적인 틀인 반면, 연구방법은 실제 연구 수행을 위한 구체적 도구와 절차에 해당한다.

이 두 개념의 차이를 이해하기 위해 교수법에 대한 비유를 들어보자. 만약 교사가 수업의 목적이나 대안적 활동의 선택 이유에 대한 깊은 성찰 없이, 매번 동일한 '생각-짝-나누기(Think-Pair-Share)' 활동만을 반복적으로 적용한다면, 이는 학습자의 성장에 실질적 도움을 주지 못하는 시간 소모적 활동에 그칠 수 있다. 즉, 교수방법의 실행에 앞서 그 근저에 놓인 교수철학과 교육 원리에 대한 명확한 이해가 선행되어야 한다.

이는 연구방법론에도 그대로 적용된다. 예를 들어, 비고츠키(Vygotsky)의 원리를 근간으로 삼는 교수는 피아제(Piaget)의 원리에 입각한 교수와 그 지향점과 실천 양상에서 분명한 차이를 보인다. 모든 교사가 자신만의 교수방법을 이끌어 줄, 지도 원리와 철학이 필요하듯, 연구자 역시 연구의 일관성과 타당성을 확보하기 위해 견고한 방법론적 기반이 필수적이다.

따라서 연구자는 연구방법의 선택에 앞서, 자신이 어떠한 방법론적 지향점과 철학적 배경을 바탕으로 연구를 설계하고 실행하는지 숙고해야 한다. 이러한 과정이 결여되면, 연구는 단순히 '유행하는' 방법이나 화두가 되는 이론을 맹목적으로 따르는 수준에 머무를 위험이 있다. 이는 연구의 심층성, 창의성, 그리고 학문적 기여도를 저해할 수 있음을 학자들은 지속적으로 경고해 왔다.

Bartolome, L. (1994). Beyond the methods fetish: Toward a humanizing pedagogy. Harvard Educational Review, 64(2), 173-195.

Bartolome, L. I. (1996). Beyond the methods fetish: Toward a humanizing pedagogy. Breaking free: The transformative power of critical pedagogy, 229-252.

연구자들이 자신들의 연구를 위한 방법론을 설계할 때, 자신의 존재론(ontology)과 인식론(epistemology)에 대한 성찰은 필수적이다. 연구자의 존재론적·인식론적 관점은 지식의 본질과 특성을 어떻게 인식할 것인지, 지식과 연구자의 관계는 무엇인지, 그리고 그 지식을 발견하거나 이해하기 위해 어떠한 방법론적 접근을 선택할 것인지에 관한 포괄적인 이해를 가능하게 한다.

이와 같은 철학적 가정과 관점을 명확히 인식하는 것은 연구의 질적 수준을 제고할 뿐만 아니라, 연구자 자신의 창의적 연구 설계와 해석을 촉진하는 데에도 중요한 역할을 한다. 따라서 논문이나 연구를 작성할 때, 자신의 존재론적·인식론적 토대가 무엇인지, 그리고 그것이 연구의 전개 과정에 어떠한 영향을 미치는지 명확하게 기술하는 것이 요구된다.

연구 패러다임: 존재론과 인식론

존재론

존재론과 인식론은 연구자가 반드시 이해해야 하며, 이후 방법론 섹션에서 명확히 설명해야 할 핵심 연구 철학적 가정이다. 존재론(ontology)은 실재와 진리에 대해 우리가 갖는 기본적인 가정에 관한 것으로, 세계와 현상의 근본적 특성, 기원, 그리고 관찰 가능한 현상에 대한 본질적 질문을 다룬다. 간단히 말해, 연구자는 객관적 진리의 존재를 신뢰할 수도 있고, 주관적 진리의 존재 가능성을 인정할 수도 있다. 연구와 논문을 시작하기 전에, 연구자가 실재의 본질에 대해 어떠한 관점을 갖고 있는지, 즉 연구 대상이 인간의 지각과 무관하게 독립적으로 존재하는 객관적 실재인지, 혹은 개인적 경험에 의해 구성되는 주관적 실재인지를 명확히 인식하는 것이 중요하다. 아래의 질문들은 이러한 관점의 명료화에 도움이 된다.

진리와 실재의 본질은 무엇인가?
무엇이 존재하는가? 그 존재를 어떻게 설명할 수 있는가?

존재론은 사회적 실체와 현상이 객관적인 것인지, 아니면 개인의 지각과 상호작용을 통해 형성되는 주관적인 것인지를 판단하는 문제와 밀접하게 연관되어 있다. 따라서 연구자들은 세계와 현상에 대한 자신의 존재론적 입장을 명확히 하고, 그것이 연구 설계에 미치는 영향을 신중히 고려해야 한다.

인식론

존재론과 더불어, 인식론(epistemology)은 지식이 어떻게 획득되고 구성되는지에 대한 연구자의 신념과 관점을 반영한다. 즉, 지식이 경험적 증거, 사회적 상호작용, 직관, 혹은 이들의 결합을 통해 도출된다고 보는지, 그리고 타인이 지식 형성에 참여하는 방식에 대해 어떻게 인식하는지에 관한 것이다. 다음과 같은 질문을 통해 자신의 인식론적 입장을 점검할 수 있다.

지식의 본질은 무엇이며, 나는 무엇을 발견하려 하는가? 사람들은 어떻게 무엇인가를 안다고 주장할 수 있는가?
지식은 어떻게 구성되는가? 나는 타인이 지식을 어떻게 구성한다고 믿는가?
무언가를 안다는 것은 무엇을 의미하는가?

이러한 질문들을 성찰함으로써, 연구 질문과 방법론이 보다 정교해지고, 연구의 철학적 근거가 견고해질 수 있다. 실제로, 연구 방법론과 연구 방법은 인식론과 긴밀하게 연결되어 있다. 만약 연구 방법론과 연구 방법이 인식론과 분리되어 있다면, 연구에서 생성된 지식의 신뢰성이나 타당성이 훼손될 수 있다. 따라서 연구 방법을 목적에 맞는 인식론의 연장선에서 선택해야 하며, 이는 연구 설계의 논리적 정합성을 높이는 데 필수적이다. 다음 표3은 존재론, 인식론, 그리고 방법론에 상응하는 대표적인 연구 패러다임을 도식화하고 있다.

PARADIGMS	ONTOLOGY	EPISTEMOLOGY	METHODOLOGY	METHOD
Positivism	External, objective, and independent view of social actors	Measurable reality	Experimental, quantitative research	Sampling, survey, focus group, statistical analysis, scaling
Pragmatism	External and multiple view of reality that is assumed to be renegotiated, debated, and interpreted	Best measured through problem solving. Underlying aim is change	Mixed*method, action research	Combination of quantitative and quilitative methods, data miming expert review, physical prototype
Subjectivism	Subjective, multiple, reality	Knowledge construction perceived as a matter of perspective	Discourse, archaeology, genealogy research	Autoehtnogrphy, semiotics, literacy analysis
Interpretivism/ Constructivism	Subjective, multiple, and socially constructed view of reality that is socially constructed	Interpreted reality through a discovery of underlying meaning	Ethnographic, grounded theory, phenomenological, heuristic research	Interview, obsercation, case study, lkfe history, narrative

표3) 연구 패러다임 정리

연구방법론, 이론, 그리고 연구방법

이론/이론적 관점
연구 패러다임, 존재론, 인식론 논의에서 이론적 관점은 때로 방법론과 경계가 겹치기도 한다. 연구 패러다임과 설계에 따라, 이론적 관점이 차지하는 비중은 다를 수 있다. 이론과 이론적 관점은 지식의 구성에 대한 인식론적 입장과 밀접히 연관되어 있으며, 일반적으로 다음과 같은 질문에 답하고자 한다.

지식을 획득하거나 무언가를 알기 위해 어떤 접근이 가능한가?
실재와 지식의 구성에 대한 자신의 관점과 일치하는 이론적 렌즈를 통해 세계와 지식을 어떻게 해석할 수 있는가?

이론적 관점의 예시로는 실증주의, 후기실증주의, 해석주의(현상학, 해석학), 후기모더니즘, 구조주의, 후기구조주의, 마르크스주의, 페미니즘 등이 있다. 이처럼 이론적 관점은 연구자가 취하는 철학적 입장으로서 방법론의 선택과 연구의 논리적 구조 형성에 영향을 미친다.

방법론

방법론(methodology)은 연구자가 자신의 논증, 주장, 믿음, 즉 연구 목적과 목표를 식별하고 입증하기 위해 활용하는 일련의 과정이다. 방법론은 존재론, 인식론, 그리고 이론적 관점에 의해 정보와 방향을 제공받으며, 연구 목적·목표·질문과 반드시 일치해야 한다. 연구자는 자신의 철학적 입장과 조응하는 연구 설계를 평가·선택해야 하며, 다음과 같은 질문이 도움이 될 수 있다.

내가 채택한 인식론과 이론적 관점에 근거할 때, 연구 문제를 탐구하기에 가장 적합한 방법은 무엇인가?
내가 추구하는 지식 또는 실재를 발견하고자 할 때 어떤 방식이 가장 타당한가?

예를 들어, 경험적 지식에 초점을 둔다면 질적 연구가, 객관적 진리에 대한 신념이 강하다면 양적 연구가 더 적합할 수 있다. 연구방법론은 철학적 근거를 포함하는 반면, 연구방법(methods)은 구체적으로 데이터를 수집·분석하는 절차와 방식을 포괄한다는 점을 명심해야 한다. 연구방법론은 연구자가 지식을 어떻게 획득할 것인지, 연구문제를 다루기 위해 어떤 정보 수집 과정을 거칠 것인지에 대한 체계적 방식을 의미한다.

연구방법

연구방법은 연구자의 전반적인 연구철학과 일치하는 구체적인 데이터 수집 및 분석 도구를 의미한다. 인식론적·방법론적 기반을 바탕으로 설문조사, 실험, 사례연구, 인터뷰 등 다양한 방법의 적합성을 신중히 고려해야 한다. 또한 선택한 연구방법들이 연구의 포괄적 틀과 논리적으로 부합하는지도 반드시 점검해야 한다. 연구방법 선정 시에는 다음과 같은 질문에 답할 수 있어야 한다.

존재론, 인식론, 이론적 관점, 그리고 방법론에 근거하여 데이터를 수집하고 분석하기에 가장 적절한 도구는 무엇인가?
연구 질문에 대한 답을 찾기 위해 어떠한 구체적 기법을 활용할 것인가?

데이터 수집 방법의 선택은 연구에서 다루는 데이터 유형(즉, 질적 혹은 양적 데이터)에 따라 결정된다. 예를 들어, 양적 데이터 연구에서는 설문조사, 데이터베이스, 분석 소프트웨어 등에서 얻는 수치 자료에 의존하는 것이 일반적이다. 반면, 질적 연구에서는 인터뷰, 포커스 그룹, 참여관찰, 민족지학적 접근 등이 주로 활용된다. 데이터 분석 또한 데이터의 성격에 맞추어 선정해야 하며, 연구자의 인식론 및 방법론적 배경과 논리적으로 일치해야 한다. 질적 연구에서는 내용분석, 주제분석, 담화분석 등이, 양적 연구에서는 기술통계 및 추론통계 등이 대표적이다.

연구방법론/연구설계 파트 작성하기
연구방법론(연구설계) 부분은 대개 서론, 본론, 결론의 구조로 구성된다. 본론에서는 다음과 같은 핵심 요소들이 반드시 포함되어야 한다: 연구철학, 방법론/연구설계, 연구 질문(또는 가설), 데이터 수집 및 분석 방법. 연구방법론 섹션의 작성 시 다음과 같은 질문들을 염두에 두어야 한다.

무엇이 본인으로 하여금 이 연구 주제를 선택하게 하였는가?
존재론적·인식론적 가정을 고려할 때, 연구 문제에 어떻게 접근할 수 있는가?
선행연구에서는 이론적 관점이 해당 주제/문제 탐구에 어떻게 활용되었는가?
본인의 신념과 가정에 부합하도록 기존 연구 결과와 발견을 어떻게 구조화할 수 있는가?
존재론적, 인식론적, 이론적 기반을 바탕으로 연구설계가 해당 주제 탐구에 어떤 기여를 할 수 있는가?
이론적 렌즈를 적용하여 주제를 분석하는 데 가장 효과적인 도구는 무엇인가?
본 연구가 해당 분야에 어떠한 학술적·실천적 기여를 할 수 있는가?
연구방법론/연구설계 섹션의 구체적 구조와 내용은 채택한 방법론에 따라 상이할 수 있다.

주장/반박/논증 제기

주장, 반박, 그리고 논증을 전개하는 것은 학술 연구 글쓰기의 기본적이면서도 지속적으로 요구되는 핵심 목적 중 하나이다. 연구자는 특정 주제나 쟁점에 대하여 명확한 입장을 취하고, 자신의 관점을 논리적으로 제시하며, 독자에게 설득력 있게 시각을 전달해야 한다. 특히 연구 철학, 연구자의 입장, 그리고 기저에 깔린 가정을 명확하게 밝히는 과정에서 이러한 기능은 더욱 중요하게 작용한다. 이와 같은 논증적 글쓰기를 통해 연구자는 자신만의 독창적인 해석과 주장을 구축하고, 해당 분야의 학문적 담론에 기여할 수 있다.

Certainly, there has been conceptual work on, for example, the impact of peacekeepers on state sovereignty; on 'peace maintenance'; and on the Neo-Grotian legitimacy of 'saving strangers'. But the cartography of much of the writing on this issue has been determined by problem-solving imperatives.
• Pugh, M. (2004). Peacekeeping and critical theory. International peacekeeping, 11(1), 39-58.

Through the use of narratives, or counter-stories, marginalised groups who have never been able to legitimise their experiences within the master story of white supremacy bring cohesiveness and strength to their communities. More important, they challenge the fundamental tenets of hegemonic discourse by rejecting colour-blindness and exposing racism as a determining factor in the inequities of American society. Yet storytelling as an empowering tool for asylum seekers has been largely overlooked by CRT scholarship. Despite ongoing attention brought to questions of immigration, asylum has remained a sort of an uncharted territory in the research agenda of critical race theorists. The fact that some of the most popular CRT readers, the same that are used in undergraduate courses across the country, do not even include a section on asylum is indicative of this scholarship void.
• Pulitano, E. (2013). In liberty's shadow: the discourse of refugees and asylum seekers in critical race theory and immigration law/politics. Identities, 20(2), 172-189.

Gary McCulloch argues that the nature of the historical images of schooling has changed. Dominant imagery of education as being 'safe, domesticated, and progressive' (that is, as leading towards progress and social/personal improvement) has shifted to become 'threatening, estranged, and regressive'

(McCulloch, 1997, p. 80). The past is no longer the source of stability, but a mark of failure, disappointment, and loss. This is seen most vividly in the attacks on the 'progressive orthodoxy' that supposedly now reigns supreme in classrooms in many nations (Hirsch, 1996; Ravitch, 2000).
• Apple, M. (2001). Comparing neo-liberal projects and inequality in education. Comparative Education, 37(4), 409-423.

It should go without saying that these dynamics will have their own rhythms and specificities in different nations with different histories of their articulations and interactions. Indeed, I would argue that how these interact is one of the most important issues of research in comparative education.
• Apple, M. (2001). Comparing neo-liberal projects and inequality in education. Comparative Education, 37(4), 409-423.

Although it is difficult to compare students' learning outcomes today with those in 1980, some evidence of progress of student learning in Finland can be offered using IEA and PISA surveys recorded since the 1970s (Kupari & Valijarvi, 2005; Martin et al., 2000; Robitaille & Garden, 1989).
• Sahlberg, P. (2011). PISA in Finland: An education miracle or an obstacle to change?. CEPS Journal: Center for Educational Policy Studies Journal, 1(3), 119.

As Finland attracts global attention today due to its high-performing education system, it is worth asking whether there has really been any progress in the performance of its students since the 1970s. If such progress can be reliably identified in any terms, the question then becomes: What factors might be behind successful education reform? When education systems are compared internationally it is important to have a broader perspective than just student achievement.
• Sahlberg, P. (2011). PISA in Finland: An education miracle or an obstacle to change?. CEPS Journal: Center for Educational Policy Studies Journal, 1(3), 119.

It is important to note that any effects that teaching may have on these results in given education systems have been influenced primarily by education policies and reforms implemented in the 1990s, not by the most recent education reforms.

• Sahlberg, P. (2011). PISA in Finland: An education miracle or an obstacle to change?. CEPS Journal: Center for Educational Policy Studies Journal, 1(3), 119.

It is also worth noting that there is growing criticism among Finnish educators about the ways that students' performance and success in education systems are determined by using only the test scores from academic student assessments. Many would like to see a broader scope ofstudent learning considered in these assessments, such as learning-to-learn skills, social competences, self-awareness or creativity.

• Sahlberg, P. (2011). PISA in Finland: An education miracle or an obstacle to change?. CEPS Journal: Center for Educational Policy Studies Journal, 1(3), 119.

Another major source of challenge to the model of multilingualism informing the language-in-education policy in India and Pakistan is the communicative practices in social institutions, schools, and everyday life. Rather than being separated and enjoying their own autonomous domain, the languages (including English) are coming into contact in hybrid forms of communication.

• Canagarajah, S. & Ashraf, H. (2013).Multilingualism and education in South Asia: Resolving policy/practice dilemmas. Annual Review of Applied Linguistics, 33, 258-285.

인과관계 설정

인과관계 설정이란 두 개 이상의 변수, 사건, 현상 또는 개념 간에 존재하는 인과적 관계를 분석하고 설명하는 과정을 의미한다. 이러한 글쓰기 기능은 연구 결과를 제시할 때 매우 유용할 뿐만 아니라, 연구방법론 서술 시에도 필수적으로 활용되어야 한다. 연구 철학과 방법론 사이의 논리적 연계성을 이해하고 구축하는 과정에서, 인과관계를 명확하게 기술하는 역량은 연구의 타당성과 설득력을 높이는 데 중요한 역할을 한다.

Because of this, it is important that any analysis of the current play of forces surrounding conservative modernisation is aware of the fact that not only are such movements in constant motion, but once again we need to remember that they have a multitude of intersecting and contradictory dynamics including not only class, but race and gender as well (Arnot et al.,1999; Apple, 2000).
• Apple, M. (2001). Comparing neo-liberal projects and inequality in education. Comparative Education, 37(4), 409-423.

A national pilot programme on teacher induction was established in 2002 and has been extended on a gradual basis since its inception. Plans are currently afoot to extend the programme nationally and some progress has been made in the structure and design of induction seminars through the national education centre network. However participation is on a volunteer basis. As a result, unlike the majority of beginning professionals in other professions, new entrants to teaching in Ireland can be expected to assume a full teaching load with no designated time given over to allow for observation, team-teaching, reflection on practice, mentoring, all of the tenets of an effective induction experience (Abbott 2009; Draper and O'Brien 2006; Killeavy and Murphy 2006).
• Harford, J. (2010). Teacher education policy in Ireland and the challenges of the twenty-first century. European Journal of Teacher Education, 33(4), 349-360.

Such inequalities between languages point to larger ideological conflicts in society. In both countries, the greater emphasis on English marks the tensions between the local needs and global trends. On the one hand, emphasis on learning through one's first languages is considered a learner's basic right; on the other hand, there is an acknowledgment that globalization creates a demand for English. This difference has resulted increating a distinct hierarchical divide with all other languages that are indigenous to the subcontinent in spite of widespread multilingualism.

• Canagarajah, S. & Ashraf, H. (2013). Multilingualism and education in South Asia: Resolving policy/practice dilemmas. Annual Review of Applied Linguistics, 33, 258-285.

The main focus of educational performance in education systems that benchmark their policies and practices internationally is on student achievement in literacy, mathematics and science. Therefore, many national education policies today look similar – they focus on higher standards and closing achievement gaps by rewarding teachers for successful accomplishment of these strategic goals.

• Sahlberg, P. (2011). PISA in Finland: An education miracle or an obstacle to change?. CEPS Journal: Center for Educational Policy Studies Journal, 1(3), 119.

For example, at the University of Helsinki, each year about 15% of students in the primary school teacher education programme specialise in teaching mathematics. This also allows them to teach mathematics in lower secondary schools. As a consequence, most primary schools in Finland have professionals who understand the nature of teaching and learning – and curriculum and assessment – in mathematics.

• Sahlberg, P. (2011). PISA in Finland: An education miracle or an obstacle to change?. CEPS Journal: Center for Educational Policy Studies Journal, 1(3), 119.

신중한 언어 사용

학술적 글쓰기에서는 신중함과 깊이 있는 고려를 드러내야 하는 순간들이 있다. 신중한 언어 사용은 정보를 제시하거나 주장을 전개할 때, 그 내용의 정확성과 겸허함을 함께 전달하고자 할 때 나타난다. 앞서 논의했듯이, 방법론 파트는 연구의 여러 요소가 유기적으로 연결되어 집약되는 부분이므로, 사려 깊고 신중한 언어를 구사하는 것은 복잡한 연구 절차에 대한 책임감 있는 접근을 보여주는 중요한 방법이다. 이러한 언어적 전략은 연구의 신뢰성을 높이고, 독자에게 연구자가 충분한 숙고와 성찰을 거쳤음을 효과적으로 전달할 수 있다.

Teacher inquiry may support development of such knowledge from a focus on asking critical questions of teaching and learning with particular students.
• Athanases, S. & Wong, J. W. (2018). Learning from analyzing linguistically diverse students' work: A contribution of preservice teacher inquiry. The Educational Forum, 82(2), 191-207.

PSTs of color have firsthand experience of growing up and learning as nondominant students and may be more likely to value knowledge and skills diverse students bring to the classroom.
• Athanases, S. Z., Banes, L. C., & Wong , J. W. (2015). Diverse language profiles: Leveraging resources of potential bilingual teachers of color. Bilingual Research Journal, 38 (1), 65-87.

One approach that can enable a deeper engagement with metalinguistic awareness and other issues at the heart of a diverse and democratic society is self-reflexive inquiry (Asher, 2007). This can be meaningful for monolingual and White PSTs, as well, given a reported lack of awareness on the part of these PSTs of themselves as cultural beings (Sleeter, 2008).
• Athanases, S. Z., Banes, L. C., & Wong , J. W. (2015). Diverse language profiles: Leveraging resources of potential bilingual teachers of color. Bilingual Research Journal, 38 (1), 65-87.

Perhaps collective teacher research efforts could fill the void of a shared professional knowledge base in teaching.
• Dana, N. F., Yendol-Hoppey, D., & Snow-Gerono (2006). Deconstructing inquiry in the professional development school: Exploring the domains and

contents of teachers' questions. Action in Teacher Education, 27(4), 59-71.

Further, given the limitations of the alternative program's structures for preparing novices (e.g., time, amount of supervision offered to novices while they worked with children), we do not seek to imply that results would necessarily neatly map onto preparation programs of different designs.

• Kavanagh, S. S. & Rainey, E. C. (2017). Learning to support adolescent literacy: Techer educator pedagogy and novice teacher take up in secondary English language arts teacher preparation. American Educational Research Journal, 54(5), 904-937.

성찰 질문

연구 방법에 대한 본인의 이해는 어떠한 변화를 겪었는가? 초기의 관점과 비교하여 현재의 이해에서 달라진 점을 구체적으로 서술해보자.

연구 목적, 연구 철학, 그리고 연구 방법 간의 관계에 대해 성찰해 보자. 이 세 요소가 서로 어떻게 연결되는지, 그리고 이러한 연계성이 본인의 연구에 어떠한 의미를 갖는지 자신의 연구 주제를 예시로 들어 개괄적으로 설명해보자.

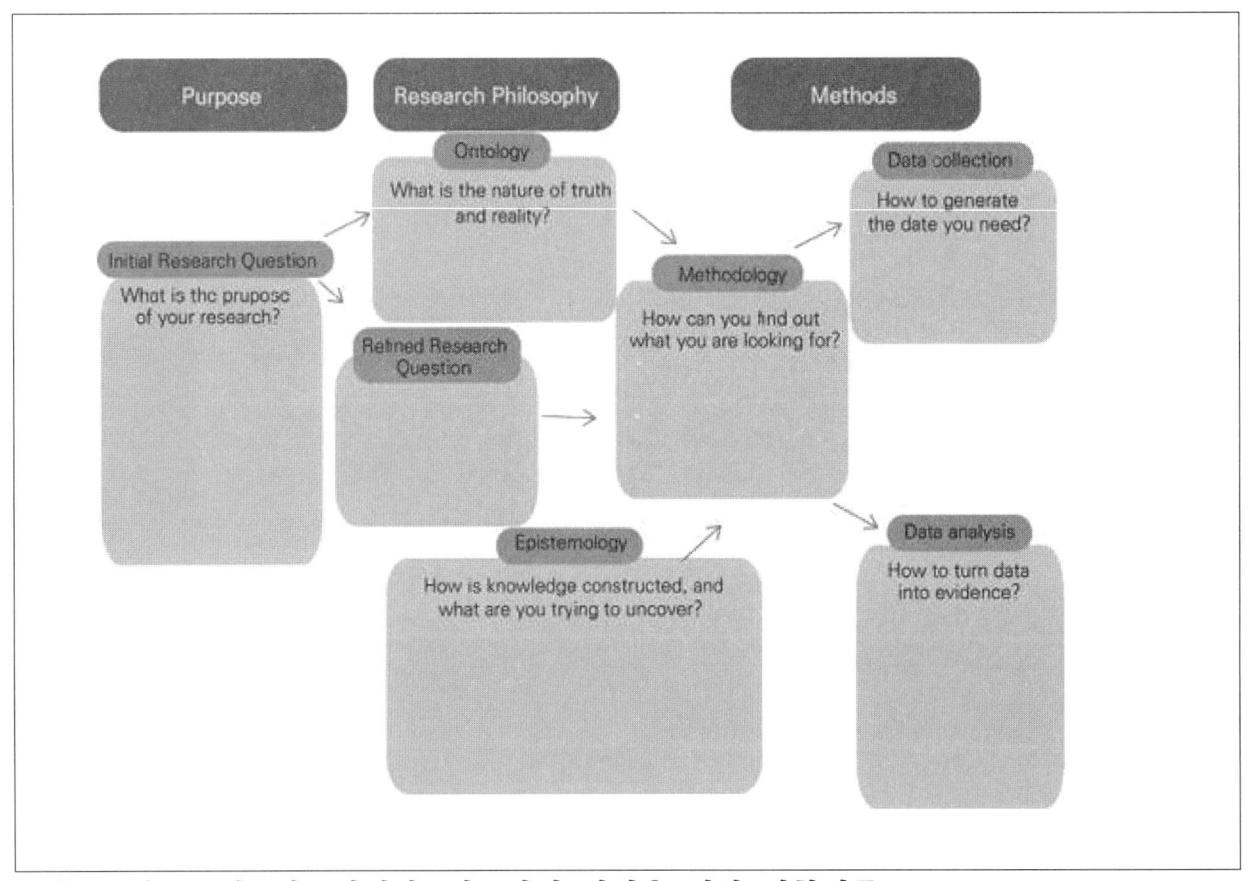

그림)12 연구목적, 이론적배경, 연구방법 연결을 위한 성찰질문

PART 2 : 연구 절차별 가이드라인
12장. 연구 결과 및 결과 제시 기법

12장. 연구 결과 및 결과 제시 기법

도입 질문

- 기존 연구의 연구자들의 연구 결과나 발견사항 발표에서 주목할 만한 주요 특징들은 무엇이었는가?

학습 목표

- 연구 결과 및 발견사항(Results/Findings) 파트에 적합한 다양한 제시 방법을 탐색하고, 자신의 연구에 가장 적합한 방식을 결정한다.
- 효과적인 발견사항 및 결과 부분 작성 기법을 연습하고, 이를 실제 글쓰기에 적용하는 방법을 익힌다.

연구 결과(Results) 부분은 연구자가 적용한 연구 방법에 따라 수집된 정보를 논리적으로 기술하고 보고하는 부분이다. 이때 연구자는 해석의 편견을 배제하고, 결과 자체를 체계적으로 제시해야 한다. 특히, 연구 데이터를 바탕으로 한 논문에서는 결과 서술이 매우 구체적이어야 한다.

결과 파트를 작성할 때 반드시 기억해야 할 점은, 결과 자체만으로는 충분한 의미를 전달하지 못한다는 것이다. 문제 제기와 마찬가지로, 단순히 결과를 나열하거나 기술하는 것은 결과에 의미 있는 해석이 더해지지 않는 한, 그 자체로 중요성이나 관련성을 지니기 어렵다. 결과를 효과적으로 기술하는 과정은 연구 문제에 대한 깊이 있는 이해와 더불어, 이를 다양한 관점에서 재해석할 수 있는 능력을 요구한다.

연구 결과(Results) 파트 작성 단계

비록 결과 부분의 집필과 제시는 반복적이며, 여러 차례의 검토와 수정을 필요로 하지만, 다음과 같은 기본적인 단계를 따를 수 있다.

연구 질문, 목적, 목표에 초점을 두어 결과를 조직화한다.
소제목을 적절히 활용해 결과의 구조를 명확히 한다.
데이터의 효과적 제시를 위해 표, 그림 등 시각 자료를 활용한다.
시각 자료는 결과의 개요를 한눈에 파악하는 데 유용하지만, 반드시 서술적 해석을 병행해야 한다.
명확성과 정확성을 유지하며 결과 부분 초안을 작성한다.
서론의 연구 질문이나 목적을 간략히 상기시키고, 마지막에는 논의(Discussion) 파트로 자연스럽게 이어지도록 전환 문장을 추가한다.
초안을 반복적으로 검토 및 수정한다.
초안이 연구 결과를 온전히 반영하지 못한다면, 처음부터 다시 작성하는 것도 두려워하지 않아야 한다.

데이터 및 연구 결과 제시 방법
연구자가 양적, 질적, 혼합 연구 중 어떤 설계를 적용했든, 연구 결과를 명확하고 신중하게 해석하여 제시하는 것은 저자의 책임이다. 예를 들어, "태양계 내 새로운 행성 발견"이라는 뉴스 기사에 망원경으로 촬영된 둥근 물체 사진만 제시되어 있다면, 대부분의 해석을 독자에게 맡기는 셈이다. 이처럼 단순히 수치, 표, 인용문 등을 나열만 하고 충분한 해설이 없을 경우, 결과의 의미가 제대로 전달되지 않는다. 연구자는 연구 주제에 익숙하지 않은 독자라도 내용을 쉽게 이해할 수 있도록 충분히 해석된 결과를 명확하게 제시해야 한다. 연구 결과를 효과적으로 전달하기 위한 구체적 방법은 다음과 같다.

표(TABLES)

표는 양적 연구의 수치 데이터를 한눈에 보여주거나, 질적 연구에서 주요 주제와 근거, 각 주제의 의미를 정리하는 데 효과적이다. 하지만 표 등 시각 자료만으로 결과를 설명해서는 안 되며, 반드시 해석적 서술이 동반되어야 한다.

주제를 소제목(THEMES AS HEADINGS)으로 활용

특히 질적 연구에서는 방대한 결과를 주요 주제별로 나누어 소제목으로 제시하는 것이 일반적이며, 이는 결과의 흐름을 독자가 쉽게 파악하도록 돕는다.

연구 질문을 소제목(RESEARCH QUESTIONS AS HEADINGS)으로 활용

양적 및 혼합 연구 방법에서는 각 연구 질문이나 가설을 소제목으로 활용해, 관련 결과를 명확히 제시할 수 있다. 한 연구 질문 내에서도 세부 주제별로 소제목을 활용해 주요 결과를 강조하는 것이 바람직하다.

비네트(VIGNETTES, 짧은 이야기, 시나리오) 활용

비네트는 연구 결과의 맥락을 서사적으로 제시하고, 주요 주제나 맥락을 생생하게 전달하는 데 유용하다. 도입부나 각 주제 논의 내에 삽입하여 독자의 관심을 유도할 수 있다.

인용문(QUOTATIONS) 활용

참여자의 의미 있는 발언이나 핵심 인용문을 소제목 아래 제시하여 맥락을 부여하거나, 인용문 자체를 소제목으로 활용할 수도 있다. 인용문은 해당 부분의 논의를 뒷받침하는 근거로 작용한다.

발췌문(EXCERPTS) 활용

현장노트 등에서 발췌한 자료 역시 결과 설명의 근거로 활용할 수 있으며, 결과를 소제목으로 구분한 후 그 아래 배치하여 논의를 시작하는 방식이 일반적이다.

문헌고찰 작성과 마찬가지로, 연구 결과 파트도 반복적 집필과 다양한 접근법의 통합이 필요하다. 여러 방식을 복합적으로 활용하면 데이터 분석 결과와 주요 연구 결과를 더 효과적으로 전달할 수 있다. 예를 들어, Kim(2021)의 박사학위 논문에서는 비네트, 시각 자료, 인용문, 주제별 조직 등 다양한 방법이 활용되어 다중사례연구의 주요 결과를 효과적으로 제시하였다(도표 14 참조).

피해야 할 연구 결과(Findings/Results) 보고 방식

연구 결과 (Results) 파트를 작성할 때에는 반드시 피해야 할 연구 결과 보고 방식들이 존재한다. 아래에 대표적인 사례를 정리하였다.

1. 연구의 배경 정보를 결과 파트에 포함하는 경우
연구의 배경 정보는 이미 서론 등 앞부분에서 충분히 다루어야 한다. 만약 결과를 제시하는 과정에서 추가적 배경 설명이 필요하다면, 결과 파트가 아닌 앞선 도입부나 관련된 부분을 수정하여 보완하는 것이 바람직하다.

2. 부정적 결과(negative results) 또는 예상과 다른 결과를 무시하는 경우
가설이 지지되지 않거나, 부정적 피드백 등 예기치 못한 결과가 도출될 수 있다. 이러한 부정적 결과도 투명하게 보고하는 것이 연구 윤리에 부합한다. 이러한 결과에 대한 해석과 함의는 논의(Discussion) 부분에서 상세히 다루면 된다.

3. 가공되지 않은 원자료(raw data) 데이터나 중간 계산 결과를 포함하는 경우
정리되지 않은 원자료나 계산 이전의 수치들은 결과 파트에 직접 포함하지 않는다. 인터뷰 전사(excerpt)나 분석 결과 등은 체계적으로 정리된 형태로 제시해야 한다. 부득이하게 원자료를 제공할 필요가 있다면, 부록(appendix)에 별도로 첨부하는 것이 더 효율적이다.

4. 동일한 데이터나 정보를 반복 제시하는 경우
앞선 부분에서 이미 제시한 데이터를 결과 부분에서 중복해 반복하는 것은 피해야 한다. 이는 독자의 혼란을 초래하고, 논문의 논리적 흐름을 해칠 수 있다.

5. 데이터 라벨링 오류
표(table)와 그림(figure)은 엄격히 구분하여 올바른 라벨을 부여해야 한다. 표와 그림의 구분이 모호한 시각자료는 전문가와 상의하여 적절한 라벨을 정하는 것이 바람직하다.

6. 연구 결과의 함의나 의의를 결과 파트에서 논의하는 경우
구체적인 함의, 제언, 연구의 중요성 등은 결과 부분이 아닌 논의(Discussion) 파트에서 다루어야 한다. 각 파트의 구분은 논문의 구조적 명료성과 기능적 역할을 강화하기 위함임을 기억해야 한다.

연구 분야의 관행에 따라 논문이나 학위 논문 샘플을 참고하여, 구조, 내용, 길이, 데이터 시각화 방식 등을 미리 파악하는 것이 중요하다. 초보 연구자들은 데이터 자체나 인

용문에 과도하게 의존하거나, 해석적 논의가 부족한 실수를 범하기 쉽다. 데이터는 주장과 연구의 신뢰성을 뒷받침하는 근거임을 인식하고, 결과의 배열과 구조에도 세심한 주의를 기울여야 한다.

분류 및 범주화(Classifying & Categorizing)

분류 및 범주화란, 정보를 체계적으로 조직하여 일정한 특성, 속성, 혹은 기준에 따라 여러 집단이나 범주로 구분하는 과정을 의미한다. 이러한 분류 및 범주화는 데이터 분석 단계에서 반드시 선행되어야 하며, 분석 결과는 결과 파트에서 명확하게 기술하여 독자에게 제시해야 한다. 이 과정은 방대한 데이터를 보다 이해하기 쉽게 구조화할 뿐만 아니라, 연구 결과의 논리적 전개와 설득력을 높이는 데에도 중요한 역할을 한다.

The nine categories of teacher-self presentations and distributions of respondents are outlined here.
• Dinham, J., Chalk, B., Beltman, S., Glass, C., & Nguyen, B. (2017). Pathways to resilience: how drawings reveal pre-service teachers' core narratives underpinning their future teacher-selves. Asia-Pacific Journal of Teacher Education, 45(2), 126-144.

Two teachers reported that they have an intermediate grasp of a foreign language, while the others reported an elementary level of foreign language; two of the 11 had no foreign language competence, although they indicated they took one college-level FL course.
• Hilliker, S. & Laletina, A. (2018). What do mainstream teachers think, know, and think they know about English language learners? NYS TESOL Journal, 5(1), 30-50.

Of the 28 studies, 16 used mixed research methods, 11 used qualitative methods, and one used quantitative methods. The learning opportunities studied included workshops (n=17), summer institutes (n=12), peer collaboration (n=12), coaching or mentoring (n=11), and coursework (n=3).
• Lucas, T., Strom, K., Bratkovich, M., & Wnuk, J. (2018). Inservice preparation for mainstream teachers of English language learners: A review of the empirical literature. The Educational Forum, 82(2), 156-173.

시각 자료 언급(Referencing Visuals)

시각 자료 언급이란, 학술적 글쓰기에서 표, 도표, 그림, 그래프 등 다양한 시각적 요소를 적절하게 설명하고 논의하는 과정을 의미한다. 연구 결과(Results) 섹션에는 이러한 시각 자료가 자주 포함되므로, 각 자료가 전달하는 정보와 연구 결과와의 관련성을 명확하게 서술하는 것이 중요하다. 특히 양적 연구 결과를 보고할 때는 동일한 문장 구조와 표현이 반복되는 경향이 있으므로, 단조로운 서술을 피하고자 다양한 표현 방식을 적극적으로 활용할 필요가 있다. 아래는 시각 자료를 언급할 때 사용할 수 있는 다양한 표현의 예시들이다.

The common themes emerging from their answers are included in Table 5.
• Cardona Moltó, M. C., Florian, L., Rouse, M. & Stough, L. M. (2010) Attitudes to diversity: a cross-cultural study of education students in Spain, England and the United States, European Journal of Teacher Education, 33(3), 245-264.

The average scores on feeling of difference across cultural groups showed a general skewedness with mean scores lower than 2 on the Likert scale in almost all dimensions of diversity (see Table 1).
• Cardona Moltó, M. C., Florian, L., Rouse, M. & Stough, L. M. (2010) Attitudes to diversity: a cross-cultural study of education students in Spain, England and the United States, European Journal of Teacher Education, 33(3), 245-264.

The McDonald's advertisement (in Figure 1) features Hindi/Urdu transliterated in Roman script for localization.
• Canagarajah, S. & Ashraf, H. (2013).Multilingualism and education in South Asia: Resolving policy/practice dilemmas. Annual Review of Applied Linguistics, 33, 258-285.

In Figure 2, the code meshing in a banner that advertises English coaching classes is quite ironic.
• Canagarajah, S. & Ashraf, H. (2013).Multilingualism and education in South Asia: Resolving policy/practice dilemmas. Annual Review of Applied Linguistics, 33, 258-285.

Again, the summary statistics are presented in Appendix Table A1.

• Shafiq, M. N. & Ross, K. (2010). Educational attainment and attitudes towards war in Muslim countries contemplating war: The cases of Jordan, Lebanon, Pakistan, and Turkey. Journal of Development Studies, 46(8), 1424-1441.

Table 1 illustrates the position of Finland among some selected nations in Mathematics Olympiads since 1959, when Finland participated for the first time in these games.

• Sahlberg, P. (2011). PISA in Finland: An education miracle or an obstacle to change?. CEPS Journal: Center for Educational Policy Studies Journal, 1(3), 119.

Table 2 shows participation of Finland in major international student assessment studies since early 1960s, when the First International Mathematics Study was launched (Sahlberg, 2011).

• Sahlberg, P. (2011). PISA in Finland: An education miracle or an obstacle to change?. CEPS Journal: Center for Educational Policy Studies Journal, 1(3), 119.

Finland, as one of the strong performers in PISA, has the most even educational performance profile of all OECD countries, with only about 7.7% of national reading literacy variation from between-school variance, the OECD variance being 42% (OECD, 2010a). This means that the affect of pupils' family background, especially their socioeconomic status, in academic achievement is smaller in countries that also have a higher overall national achievement score, as shown in Figure 4.

• Sahlberg, P. (2011). PISA in Finland: An education miracle or an obstacle to change?. CEPS Journal: Center for Educational Policy Studies Journal, 1(3), 119.

성찰 질문

본인의 데이터 분석 결과를 토대로 도출된 핵심 연구 결과는 무엇인가?

연구 결과(Findings/Results) 섹션을 작성할 때, 어떠한 결과 제시 방식을 적용할 계획인가?

연구 결과(Findings/Results) 섹션을 효과적으로 구성하기 위해 어떤 구조를 사용할 것인가?

성찰 질문

PART 2 : 연구 절차별 가이드라인
13장. 마무리: 논의 및 결론 작성

13장. 마무리: 논의 및 결론 작성

도입 질문

- 논의(Discussion) 및 결론(Conclusion) 파트에는 어떠한 정보가 포함되어야 하는가?
- 논의(Discussion) 작성이 풍부한 경험과 고도의 역량을 요구한다고 말하는 이유는 무엇인가?

학습 목표

- 논의 및 결론(Discussion/Conclusion) 파트에 반드시 포함되어야 할 핵심 내용을 파악한다.
- 논문 작성을 위한 논의(Discussion) 파트의 개요(Outline)를 작성한다.

연구 및 논문 작성의 마지막 단계에 이르면, 연구 결과로부터 도출되는 시사점과 제언을 심층적으로 고찰할 필요가 있다. 논의(Discussion) 파트는 초보연구자와 글쓰기 입문자에게 특히 도전적인 부분으로, 단순한 결과 해석을 넘어, 그 결과의 함의를 다양한 학문적·실천적 맥락에서 성찰하는 고도의 역량이 요구된다. 연구 결과를 토대로 기존 이론 또는 교육적 실천을 재해석하고, 논의 및 결론(Conclusion) 섹션을 작성할 때에도 충분한 자기 성찰과 체계적 기술이 필요하다.

논의(Discussion) 파트의 역할

논문의 핵심은 흔히 논의(Discussion) 섹션에 있다고 할 수 있다. 많은 독자들은 연구에 대한 신속하고 심층적인 이해를 위해 논의 섹션을 가장 먼저(혹은 유일하게) 읽는다. 이 파트에서는 이론적 또는 개념적 틀, 연구 목적 및 질문에 비추어 결과를 조명하고 해석해야 한다. 또한, 연구 결과의 시사점 분석(특히 양적 또는 혼합 연구의 경우), 연구의 한계 제시, 그리고 구체적 제언이 이루어져야 하며, 이 모든 과정에서 논의 파트는 결론으로 자연스럽게 이어지는 논거를 형성한다.

일반적으로 논의 파트는 다음과 같은 요소로 구성되며, 각 요소는 필요에 따라 독립된 소제목으로 분리될 수 있다.

주요 연구 결과 요약
연구 질문에 대한 답변
결과 해석
연구 결과의 시사점
연구의 한계
연구의 실천적 적용 및 제언
후속 연구를 위한 제안
결론적 발언

논의(Discussion) 파트 작성

초보 연구자들이 흔히 범하는 오류 중 하나는, 논의 파트가 연구 결과의 단순 요약에 그치거나 불필요하게 장황해지는 것이다. 효과적인 논의 파트 작성을 위해 다음의 단계를 추천한다.

주요 연구 결과 및 인사이트 제시

연구에서 도출된 가장 중요한 결과를 명확하게 기술한다. 이는 논의 파트의 중심을 이루는 핵심 발견을 간결하게 요약하는 단계로, 본인의 연구에서 가장 중요한 한두 가지 발견이 무엇인지 스스로 질문해 보는 것이 바람직하다.

세부 설명

핵심 결과나 인사이트를 여러 항목(불릿포인트 등)으로 세분화하여, 각 항목의 의미와 다양한 측면을 구체적으로 서술한다.

연결고리 설정

각 항목을 구체적인 연구 결과와 연계하며, 자신의 인사이트와 기존 연구 결과를 비교·연결한다. 본 연구 결과가 일부 기존 연구와 일치하거나 다른 점이 있음을 명확히 해야 한다.

<u>연구의 독창성 강조</u>

본 연구만의 차별성과 새로운 기여점을 강조한다. 기존 연구에서 다루지 않았던 참신한 관점이나 실질적 기여가 있다면 분명하게 부각한다.

'그래서 어쩌라고(So what)?'에 답하기:

논의의 결론에 도달한 후에는 '그래서 어쩌라고?'라는 질문을 지속적으로 던지며, 결과의 의미, 중요성, 영향력을 비판적으로 성찰한다. 연구자 및 실무자에게 본 연구와 그 결론이 왜 중요한지, 어떤 가치와 영향력이 있는지를 숙고한다.

Kim(2021)의 박사학위 논문에서는 논의 파트의 구성을 마인드맵 형태로 시각화한 예시가 제시되어 있다(Figure 15 참고). 논의 파트도 다른 장과 마찬가지로 충분한 시간과 반복적 집필 과정을 거쳐야 하며, '그래서 어쩌라고?'라는 질문에 명확히 답할 수 있을 때까지 성찰을 지속하는 것이 중요하다.

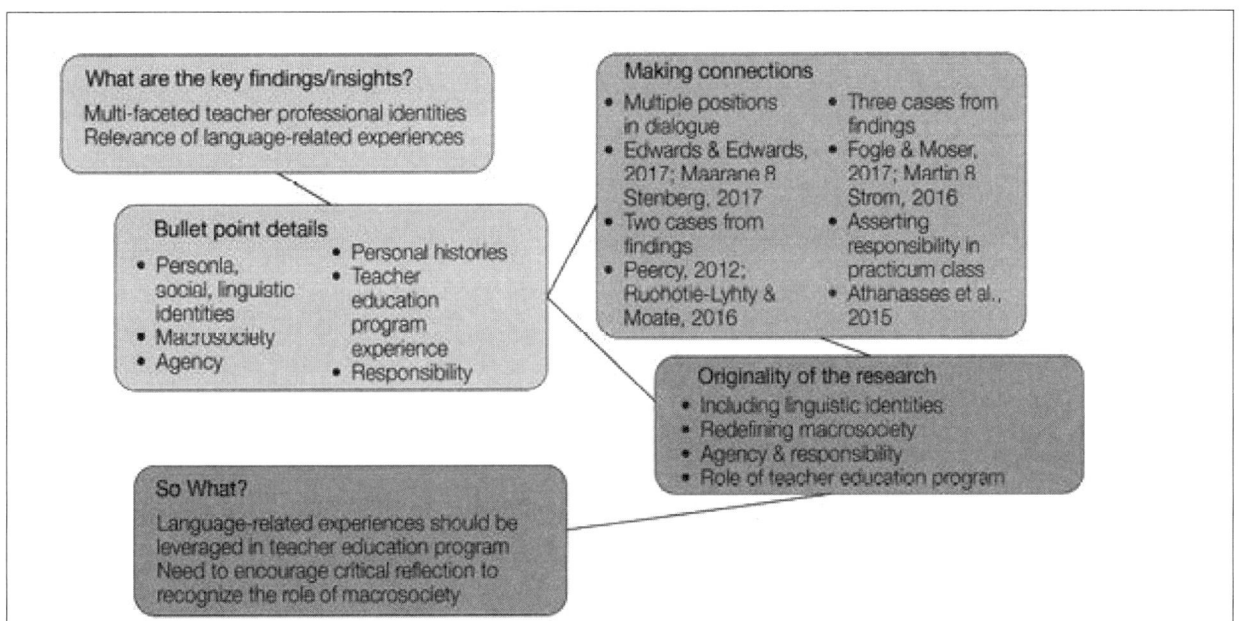

그림)13 논의 파트 작성을 위한 구조화 예시

논의(Discussion) 파트 작성을 위한 안내 질문

아래 질문들은 논의 파트에서 논점과 해석을 체계적으로 구성하는 데 유용하다.

본인의 주요 연구 결과 또는 인사이트가 교사, 학습자, 그리고 해당 분야에 어떠한 의미를 지니는가?

다른 선행연구들은 본 연구의 결과를 어떻게 지지하거나 반박하는가?

본 연구 결과는 기존 지식체계에 어떠한 기여를 하는가?

본 연구 결과는 선행연구의 어떠한 공백을 메우는가?

본 연구 결과는 타 연구와 어떤 차별성을 지니는가?

본 연구의 실질적 활용 방안과 현장 적용 가능성은 무엇인가?

본 연구 결과가 교육 프로그램 또는 교육과정 개발에 어떻게 기여하는가?

본 연구 결과는 교육적 성취 및 학습 결과에 대한 이해에 어떠한 시사점을 제공하는가?

본 연구 결과는 교육 분야의 다양한 이해관계자에게 어떠한 가치를 제공하는가?

아직 탐구가 필요한 연구 영역은 무엇이며, 본 연구가 그 인식에 어떻게 기여하는가?

본 연구 결과는 기존 이론이나 개념을 도전하거나 지지하는가? 그렇다면 그 방식은 무엇인가?

본 연구가 교육 연구에서의 방법론적 접근에 어떤 통찰을 제공하는가?

본 연구가 교육 분야의 지식 공동체에 어떠한 기여를 하는가?

향후 연구는 본 연구에서 미해결되었거나 충분히 다루지 못한 질문을 어떻게 다루어야 하는가?

본 연구의 한계를 고려할 때, 어떤 후속 연구 과제를 제안할 수 있는가?

논의(Discussion) 파트는 연구 결과와 전체 연구의 의미, 중요성, 그리고 관련성을 명확히 주장하고 근거를 제시하는 부분임을 반드시 명심해야 한다. 본인의 연구 결과와 문헌고찰을 충분히 이해하고, 두 파트의 내용을 긴밀하게 연결하여 논리적 완결성과 설득력을 확보하는 것이 중요하다.

논의(Discussion)에서 흔히 범하는 실수와 주의점

결과의 반복: 논의 파트에서 연구 결과 요약은 포함될 수 있으나, 결과 파트의 내용을 반복하는 것은 피해야 한다. 논의는 결과에 대한 해석과 시사점에 집중해야 한다.

새로운 결과의 제시: 논의에서 결과 파트에 포함되지 않은 새로운 데이터를 제시하는 것은 바람직하지 않다. 필요한 경우 결과 파트를 수정해야 하다.

과장된 진술: 연구의 중요성을 부각하고자 무리하게 근거 없는 과장된 주장을 하는 것은 피해야 한다.

과소평가: 연구의 한계와 미흡한 점을 과도하게 강조하여 연구 성과가 과소평가되지 않도록 주의해야 한다.

연구 질문 또는 연구 목적과 무관한 진술: 우연히 발견된 사실이나 예상치 못한 결과는 논의의 중심이 될 수 없으며, 필요시 후속 연구 제안에서 언급하는 것이 바람직하다. 논의는 연구 질문과 목적에 근거하여 시사점과 해석을 제공해야 한다.

결론(Conclusion) 작성

결론(Conclusion) 파트는 모든 논문에 반드시 독립적으로 존재하는 것은 아니며, 별도의 한계(Limitation) 또는 결론 파트의 필요성은 연구 설계, 결과의 분량, 논의의 심도, 그리고 해당 투고 저널의 지침에 따라 달라질 수 있다. 대학원생의 경우, 지도교수나 위원회의 권고와 선호에 따라 논문내의 파트 구성 방식이 결정될 수 있다. 그럼에도 불구하고, 연구와 논문을 효과적으로 마무리하는 방법을 익히는 것은 학술적 성장에 매우 중요하다. 다음은 결론 파트 작성 시 고려해야 할 주요 요소들이다.

핵심 요점 및 인사이트(Insight)의 명확한 제시

결론에서는 연구를 한 문장으로 요약한다면 무엇이라고 말할 수 있을지 고민해야 한다. 독자에게 왜 본인의 연구를 읽어야 하는지, 가장 중요한 결론이 무엇인지를 명확하고 간결하게 전달해야 한다. 즉, 연구의 핵심 메시지를 요약하여 독자의 이해를 돕고, 연구의 의의와 중요성을 다시 한 번 강조한다.

한계(Limitations)의 명시(필요한 경우)

양적 연구 또는 혼합 연구에서는 연구의 한계를 구체적으로 언급하는 것이 중요하다. 질적 연구에서도 예상치 못한 통찰이나 연구 질문에 대한 미흡한 점을 함께 제시할 수 있다. 한계는 연구의 신뢰성을 높이는 동시에, 결과 해석의 범위를 명확히 제시하는 역할을 한다. 다만, 연구의 주요 성과와 균형을 이루도록 서술하는 것이 바람직하다.

제언 및 후속 연구 방향의 제시

결론 파트는 후속 연구나 실천을 위한 구체적인 제언을 제공하는 데 적합하다. 본 연구가 이론, 연구 방법론, 교육 실천 등에서 어떠한 기여를 했는지 분명히 밝히고, 앞으로 추가적으로 탐색이 필요한 주제나 연구 방향에 대해 제시해야 한다. 이는 논문이 학문적 담론 및 실천에 기여하는 바를 분명하게 드러내는 중요한 부분이다.

간결하고 설득력 있는 마무리

효과적인 결론 작성은 논문의 주요 내용을 다시 한 번 강조하며, 독자에게 본 연구의 의미, 적용 가능성, 그리고 학문적·실천적 관련성을 명확하게 전달한다. 결론은 일반적으로 논문의 다른 파트보다 간결하게 작성되며, 동료 연구자 및 실무자에게 실질적 제언과 함께 연구의 여운을 남겨야 한다. 또한, 결론(Conclusion)은 논의(Discussion)와 함께 독자들이 가장 관심을 갖고 읽는 섹션임을 염두에 두어야 한다.

제언(Making Recommendations)

제언을 제시한다는 것은, 연구 결과에 근거하여 실질적이고 신중한 방안을 제안하는 행위이다. 이는 특정 문제를 해결하거나, 현재의 상황을 개선하기 위한 구체적인 실천적 방안을 포함한다. 제언은 연구자가 도출한 주요 결과와 논의를 바탕으로, 연구 대상 집단, 현장 실천가, 정책 입안자, 후속 연구자 등에게 실질적인 조언과 방향을 제시하는 역할을 한다. 연구에서 도출된 실질적인 시사점과 근거를 바탕으로 구체적이고 실행 가능한 제언을 명확하게 제시하는 것은 논문의 학술적, 실천적 가치를 한층 더 높여주는 중요한 언어적 기능이다.

 Perhaps the most important finding emerging from this review is that, to be linguistically responsive to ELLs, mainstream teachers need some knowledge of second language development—knowledge that provides a foundation for understanding ELLs and designing instruction for them.
 • Villegas, A. M., SaizdeLaMora, K., Martin, A. D., & Mills, T. (2018). Preparing future mainstream teachers to teach English language learners: A review of the empirical literature. The Educational Forum, 82(2), 138-155.

 This finding suggests that there is a need to advance a broader concept of culture, one that would transcend traditions, customs, and rituals and encompass language, communication, ideology, and cultural mindset beyond the traditional setting of foreign language studies and TESOL.
 • Hilliker, S. & Laletina, A. (2018). What do mainstream teachers think, know, and think they know about English language learners? NYS TESOL Journal, 5(1), 30-50.

 In the TESOL-TE field, more empirical research is needed to examine how teachers learn to educate ELLs, how teacher educators contingently support teacher learning in the moment, and how teachers integrate effective instruction for multilingual students in schools where these types of practices are not the norm.
 • Daniel, S. M. & Pray, L. (2017). Learning to teach English language learners: A study of elementary school teachers' sense-making in an ELL endorsement program. TESOL Quarterly, 51(4), 787-819.

As Pierre Bourdieu reminds us, one of the most important activities scholars can engage in during this time of economic rationalism and imperial neo-conservatism is to analyse critically the production and circulation of these discourses and their effects on the lives of so many people in so many nations (Bourdieu, 1998, p. 29). I would urge us to take this role even more seriously than we have in the past.

• Apple, M. (2001). Comparing neo-liberal projects and inequality in education. Comparative Education, 37(4), 409-423.

Further quantitative and qualitative research on educational institutions and curricula in the four countries can provide details on how educational attainment can promote peaceful conflict resolution.

• Shafiq, M. N. & Ross, K. (2010). Educational attainment and attitudes towards war in Muslim countries contemplating war: The cases of Jordan, Lebanon, Pakistan, and Turkey. Journal of Development Studies, 46(8), 1424-1441.

Finally, we encourage research on the robustness of our findings using alternative data sources. Currently, there are several surveys underway at collecting public opinion data in the Muslim world, such as The Arab Barometer and The Asian Barometer (both collected by an international consortium of universities and research centres) and the Poll of the Muslim World (collected by Gallup). Since these surveys contain slightly different questions on attitudes towards international conflict, there are opportunities to gain a more complete understanding between the educational attainment and attitudes towards war in Jordan, Lebanon, Pakistan, and Turkey.

• Shafiq, M. N. & Ross, K. (2010). Educational attainment and attitudes towards war in Muslim countries contemplating war: The cases of Jordan, Lebanon, Pakistan, and Turkey. Journal of Development Studies, 46(8), 1424-1441.

It is important that international student assessment studies are used wisely in policy making and education reform architecture. There is much more information in these existing studies that governments and the media have been able to use for better policies and deeper news reporting. Before considering any new forms of data collection, we should make better use of what we already have. PISA and other international benchmark tools are important for any government that cares about education in an open, globalised world. Using these data for the good of our teachers and students is a continuing challenge for us all.

• Sahlberg, P. (2011). PISA in Finland: An education miracle or an obstacle to change?. CEPS Journal: Center for Educational Policy Studies Journal, 1(3), 119.

연구의 한계점 진술(Stating Limitations)

연구의 한계를 진술하는 것은 연구 수행 과정에서 확인된 제약사항, 미비점, 혹은 연구 범위에 대한 한계를 명확하게 인식하고 인정하는 것을 의미한다. 앞서 언급한 바와 같이, 양적 연구 또는 혼합 연구 설계에서는 연구의 신뢰도(reliability)와 타당성(validity)을 높이기 위해 연구의 한계를 투명하게 제시하는 것이 필수적이다.

일반적으로, 연구 결과의 타당성, 일반화 가능성(generalizability), 또는 결과 해석의 범위(scope)에 영향을 미칠 수 있는 요인들—예를 들어, 표본의 크기와 구성, 자료 수집 방법, 연구 도구의 한계, 외생 변수의 통제 가능성 등—을 구체적으로 논의해야 한다.

질적 연구의 경우에도 논의(Discussion) 섹션에서 특정 연구 설계, 이론적 접근, 자료 해석 과정에서 발생할 수 있는 제약점과 한계들을 명확하게 기술해야 한다. 이러한 한계 진술은 연구의 신뢰성을 높이는 동시에, 독자가 결과 해석의 범위를 올바르게 이해하도록 돕는 중요한 역할을 한다. 또한, 한계를 명확히 밝힘으로써 후속 연구를 위한 방향을 제시할 수 있으며, 연구자의 성찰적 태도와 학술적 엄밀성을 보여주는 지표로 기능한다.

While these results show important developments in language pedagogy, they should be interpreted in the light of the study's inherent limitations of being a reflective enquiry relying on a small sample. However, these results provide scope for further research in similar contexts of preparing pre-service teachers through a translanguaging approach.
• Makalela, L. (2015). Moving out of linguistic boxes: The effects of translanguaging strategies for multilingual classrooms. Language and education, 29(3), 200-217.

PISA also suffers some limitations: It assesses a very limited amount of what is taught in schools; it can adopt only a cross-sectional design; it ignores the role and contribution of teachers; and the way its results are presented—in some, at least, of its tables - encourages a superficial, 'league table' reading of what should be a more interesting but essentially more complex picture. (Mortimore, 2009, p. 2)
• Sahlberg, P. (2011). PISA in Finland: An education miracle or an obstacle to change?. CEPS Journal: Center for Educational Policy Studies Journal, 1(3), 119.

Thus, it is critical to understand how neuroscience may support good educational practices while at the same time temper the excitement with an understanding of the limitations of neuroscience applications to special education.

• Alferink, L. A., & Farmer-Dougan, V. (2010). Brain-(not) based education: Dangers of misunderstanding and misapplication of neuroscience research. Exceptionality, 18(1), 42-52.

Two limitations of this study were the quasi-experimental design and voluntary participation of treatment teachers.

• Short, D. J., Fidelman, C. G., & Louguit, M. (2012). Developing academic language in English language learners through sheltered instruction. Tesol Quarterly, 46(2), 334-361.

The limitations of the perspectival dualist framework surface when weintroduce viewpoints that challenge the "social preconditions of individual autonomy" as given (Honneth, 2003, p. 179). In other words, when we question the social processes that lead to individual autonomy, competing conceptualizations of individual and group difference emerge. Furthermore, when, as in Fraser's framework, social movements are used as the sole indicator of "moral discontent in developed societies," we tend to neglecteveryday microlevel social processes that have not yet been publicly articulated but still contribute to "social misery and moral injustice" (Honneth, 2003, pp. 113-115).

• North, C. E. (2006). More than words? Delving into the substantive meaning (s) of "social justice" in education. Review of Educational Research, 76(4), 507-535.

Although exploratory, the present study is not without limitations. First, the sample size for some cultural groups was small. Second, issues related tocultural equivalence and/or cultural bias were not addressed directly. As with any study of attitudes, investigations of the construct are mediated by the specific measures used. Thus, the cross-cultural variation obtained may be due to a lack of cultural equivalence and/or cultural bias in the measures used or a lack of reliability or validity in the measures used. Third, the sampling strategy, in this case convenience samples, places limits on the conclusions and generalisations about national variations in attitudes and beliefs toward difference. There is a need for subsequent studies to incorporate a follow-up strategy that would allow more qualitative explanations of each domain. [⋯] The etic and emic properties also need to be validated on a larger sample and through a more robust statistical procedure (e.g., structural equation modelling). And finally, it is necessary to consider the extent to which the respondents perceived that there were 'right' and 'wrong' answers to these questions.

• Cardona Moltó, M. C., Florian, L., Rouse, M. & Stough, L. M. (2010) Attitudes to diversity: a cross-cultural study of education students in Spain, England and the United States, European Journal of Teacher Education, 33(3), 245-264.

성찰 질문

논의(Discussion) 및 결론(Conclusion) 파트에 반드시 포함해야 할 핵심 요소와 내용은 무엇인가?

논의/결론(Discussion/Conclusion) 파트에 포함할 정보를 개요(Outline) 형태로 작성해보자. 그리고 스스로에게 "그래서 어쩌라고?(So what?)"라는 질문을 반복적으로 던지며, 추가적인 답변이 더 이상 도출되지 않을 때까지 깊이 있게 고민해보자.

그 과정이 얼마나 어렵거나 쉬웠는지, 그리고 그 이유는 무엇이라고 생각하는지 서술해보자.

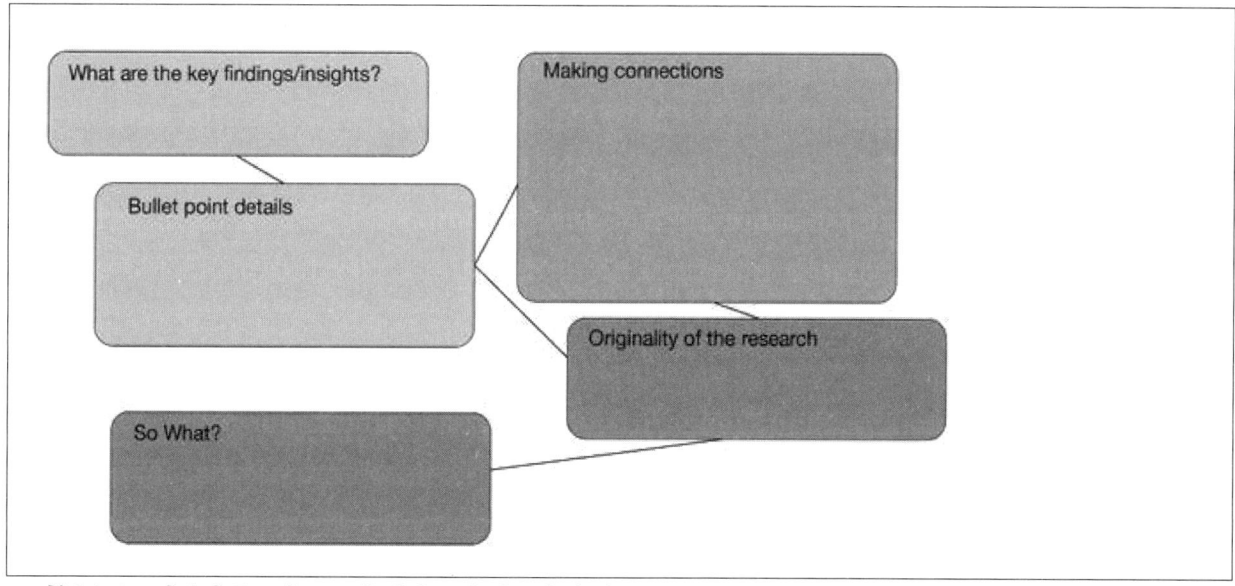

그림)14 논의/결론 파트 작성을 위한 성찰질문

PART 3 : 연구 및 학술적 영어 글쓰기 심화

14장. 학술적 영어 글쓰기 및 교육 연구를 위한 자기 점검 목록

14장. 학술적 영어 글쓰기 및 교육 연구를 위한 자기 점검 목록

도입 질문
- 연구 및 논문 작성 과정을 학습하면서 본인에게 가장 인상 깊었던 핵심 내용은 무엇이었는가?
- 학술적 글쓰기 역량의 개발이 전반적인 연구 역량의 향상에 어떠한 기여를 할 수 있는가?

학습 목표
- 자신의 연구 및 학술적 글쓰기 진행 상황을 스스로 점검하고, 그 수준을 비판적으로 평가하는 방법을 스스로 제시한다.

학술적 글쓰기와 연구의 순환적 관계

학술적 글쓰기와 연구는 상호 불가분의 관계에 있으며, 개인적·전문적 성장과 학문적 탐구 과정에서 핵심적인 역할을 한다.

학술적 글쓰기와 연구 과정의 순환적 특성

논문 작성 과정이 본질적으로 반복적(iterative)인 것처럼, 연구 역량 개발 역시 학술적 글쓰기 과정 내에서 순환적으로 이루어진다(도표 16 참조). 학술적 글쓰기에서 요구되는 단계별 절차는 연구를 윤리적이고 엄격하게 수행하는 태도와 직결된다. 문제 인식, 정보 수집, 목적 설정, 초안 작성 등 일련의 과정을 거치며, 학술적 글쓰기와 연구는 동일하게 반복적이고 순환적인 과정을 통해 발전한다.

여기서 중요한 점은 이 두 역량이 서로를 보완하며 강화한다는 점이다. 즉, 연구 역량이 발전할수록 더 정교하고 설득력 있는 글쓰기가 가능해지고, 글쓰기 능력이 강화될수록 복잡한 연구 아이디어를 효과적으로 작성할 수 있다. 결과적으로 학술적 글쓰기 역량의 향상은 심도 있는 연구 수행을 가능하게 하며, 연구 역량의 제고는 복잡한 개념과 내용을 명확하고 일관되게 표현할 수 있는 능력을 뒷받침한다.

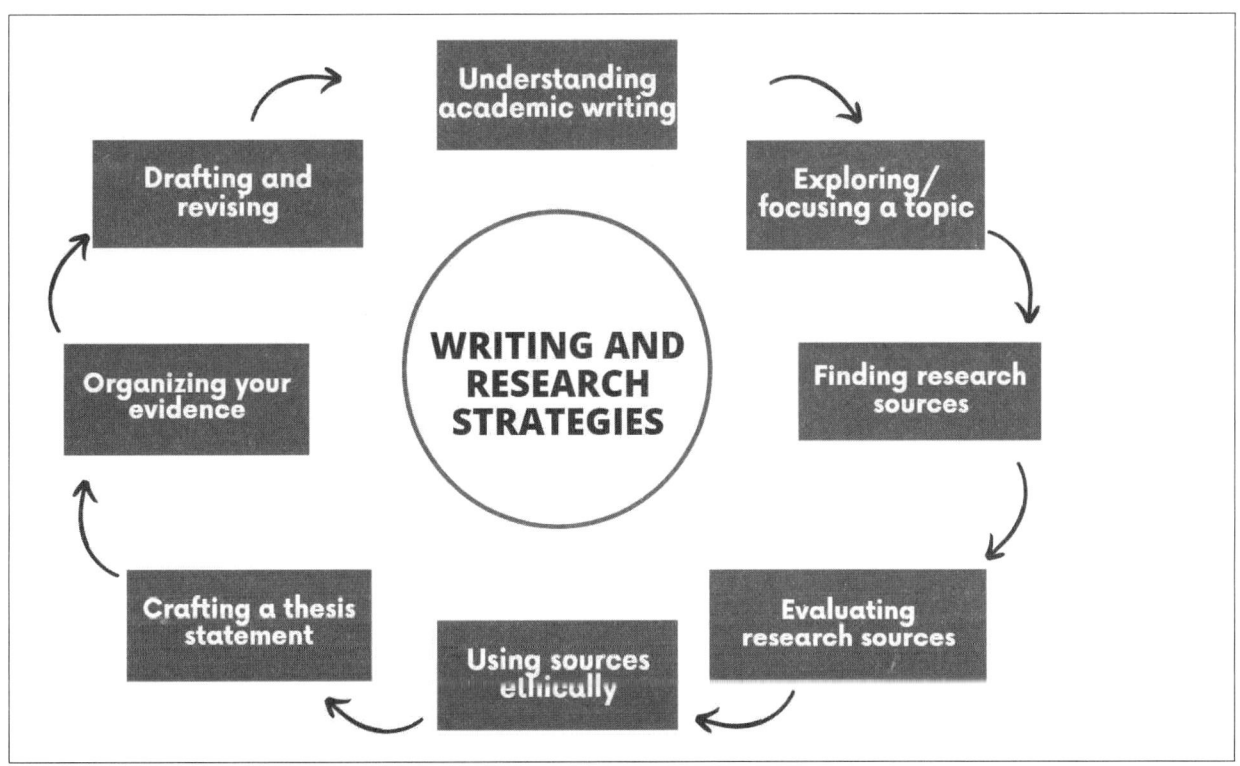

그림)15 연구를 위한 학술적 글쓰기의 순환 단계

연구 및 학술적 글쓰기를 위한 자기 점검 목록(Self-checklist)

연구와 논문 작성 과정을 진행하는 동안, 자신의 발전 상황을 점검하고 평가할 수 있는 자기 점검표를 활용하는 것은 매우 유익하다. 아래의 자기 점검 목록은 연구 및 논문 작성의 주요 단계를 체계적으로 점검하고, 과제 수행의 방향성을 유지하는 데 실질적인 도움을 줄 수 있다. 학술적 글쓰기가 수반되는 모든 연구 프로젝트의 계획 및 실행 단계에서 다음의 체크리스트를 적극적으로 활용하길 권장한다.

연구 및 학술적 글쓰기 자기 점검표
(각 항목 완료 시 체크)

☐ 문제해결적 접근을 통해 연구 문제를 도출하였는가?
☐ 연구 문제와 관련된 문헌을 충분히 조사하였는가?
☐ 기존 선행연구에서 연구 공백(gap)을 명확히 확인하였는가?
☐ 연구 문제를 명확하고 구체적으로 진술하였는가?
☐ 관련 선행 문헌을 충분히 탐색 및 수집하였는가?
☐ 유사 연구 및 문헌의 공백을 식별하였는가?
☐ 선행연구 요약문 초안을 작성하였는가?
☐ 연구 질문을 명확히 설정하였는가?
☐ 이론적/개념적 틀 구성을 위한 관련 문헌을 검토하였는가?
☐ 연구 목적 및 이론적 기반에 따라 문헌고찰을 조직하였는가?
☐ 연구 목적, 질문, 이론적 기반을 지속적으로 수정·보완하였는가?
☐ 연구 철학에 부합하는 연구 방법론을 확립하였는가?
☐ 연구 도구 및 자료 수집·분석 방법을 개발하였는가?
☐ IRB(기관생명윤리위원회) 심의 신청 및 승인(해당 시)을 받았는가?
☐ 데이터 수집 계획에 따라 자료를 수집하였는가?
☐ 데이터 분석 계획에 따라 자료를 분석하였는가?
☐ 데이터 분석 결과를 비판적으로 성찰하고 평가하였는가?
☐ 결과 제시 방안을 체계적으로 개발 및 조직하였는가?
☐ 연구 결과를 면밀히 검토 및 수정하였는가?
☐ 논의(Discussion)를 위한 논리적 주장과 해석을 구성하였는가?
☐ 연구의 주요 성과와 독창적 기여를 명확히 하였는가?
☐ "그래서 어쩌란 말이냐(So what?)"라는 질문에 충분히 답하였는가?
☐ 논의/결론(Discussion/Conclusion) 부분을 반복적으로 검토 및 수정하였는가?
☐ 초록(Abstract) 및 서론(Introduction)을 점검 및 수정하였는가?
☐ 전체 논문 원고를 최종적으로 검토·교정하였는가?

자가 평가는 글쓰기 및 연구 과정의 각 단계를 진행하면서 자신의 작업을 객관적으로 성찰하고 평가하는 데 필수적이다. 이를 통해 연구자 및 저자로서 자신의 강점과 약점을 파악하고, 개선이 필요한 부분을 명확하게 인식할 수 있다. 정기적인 자기 점검은 연구 및 글쓰기 역량의 체계적 향상을 가능하게 하며, 상시적 '검토-성찰-수정'의 반복적 순환을 통해 한 단계씩 성장해 나갈 수 있다.

성찰 질문

본인이 생각하는 학술적 글쓰기 및 연구 수행에 있어 주요 강점과 약점은 무엇인가?
또한, 이러한 역량을 체계적으로 개발하는 과정이 연구자이자 저자로서의 전문적 성장에
어떻게 기여할 수 있는지 논의해보자.

제공된 자기 점검표(self-checklist)를 활용하여, 현재 자신의 글쓰기 및 연구 진행 상황
을 객관적으로 평가해보자. 진행 과정에서 누락되었거나 미흡했던 단계는 무엇이며, 그
이유는 무엇이라고 생각하는가? 해당 단계의 보완 또는 향후 개선을 위한 구체적인 계획
도 함께 제시해보자.

PART 3 : 연구 및 학술적 영어 글쓰기 심화
15장. 학위논문을 넘어선 연구 결과 확산

15장. 학위논문을 넘어선 연구 결과 확산

도입 질문

- 연구의 확산(dissemination)이란 무엇을 의미하는가?
- 본인의 연구 결과 확산을 고려하는 것이 왜 중요한가?
- 연구 결과를 효과적으로 확산할 수 있는 주요 채널과 방법에는 어떤 것들이 있는가?

학습 목표

- 연구 결과 확산의 중요성을 인식하고, 학문적·사회적 기여에 대한 이해를 심화한다.
- 본인의 연구와 지식을 다양한 대상에게 전달할 수 있는 다양한 확산 채널 및 방법을 탐색·비교한다.

논문을 넘어선 연구 결과의 확산

논문 및 연구를 완성한 이후가 진정한 학문적 여정의 시작임을 명심해야 한다. 연구자가 산업계 혹은 학계에 진출하든, 자신의 연구를 적절한 채널을 통해 확산(dissemination)하는 것은 중요한 학문적 책무이다.

연구 확산의 의미와 가치

'연구의 확산'이란, 자신의 연구 결과와 발견을 보다 넓은 학문 공동체 및 일반 대중과 공유하고 소통하는 일련의 과정을 의미한다. 이는 연구 설계와 실행에 직접 참여하지 않은 이들에게도 자신의 연구 내용을 효과적으로 전달하는 것을 포함한다. 따라서, 연구 주제나 연구자, 그리고 소통 방식에 익숙하지 않은 다양한 독자와 청중에게도 연구의 통찰과 성과를 명확하게 전달하기 위해서는 탁월한 글쓰기 및 소통 역량이 요구된다. 연구의 확산을 통해 해당 분야의 지식 발전에 기여하고, 활발한 논의와 토론을 촉진하며, 타 연구자가 자신의 연구 결과를 토대로 추가 연구를 수행할 수 있는 기반을 마련하게 된다. 신진 연구자가 연구 확산에 적극적으로 참여해야 하는 주요 이유는 다음과 같다.

지식 기여(knowledge contribution)
연구 결과의 확산을 통해 해당 분야의 집단적 지식 체계에 실질적으로 기여할 수 있다. 이는 연구 공동체가 자신의 연구 성과를 더욱 발전시키고, 학문적 담론을 심화하는 데 이바지한다.

학문적 정체성 구축
논문 작성을 완료했다고 해서 곧바로 연구자로서의 정체성이 확립되는 것은 아니다. 연구의 확산, 즉 학술지 게재, 학회 발표, 대중 소통 등은 학문 공동체 내에서 자신의 존재감을 확립하는 데 핵심적이다.

피드백 및 학술적 대화
본인의 연구 결과를 넓은 학술 공동체에 공유하면, 동료 연구자 및 심사자들로부터 건설적인 피드백을 받을 수 있으며, 이는 연구의 심화와 새로운 협력기회를 제공한다.

영향력 및 실천적 적용
연구 결과의 확산은 학계 및 교육 현장 모두에 긍정적인 영향을 미칠 수 있다. 본인의 연구가 후속 연구나 교육 실천에 반영되어 실제적 변화를 이끌어낼 수 있다.

논문 작성 이후의 연구 확산 채널

연구 결과를 확산할 수 있는 채널과 방법은 매우 다양하다. 대표적인 경로는 다음과 같다.

국제 학술지(academic journal) 게재
연구자들이 가장 일반적으로 활용하는 공식적 확산 경로로, 동료 심사(peer review)를 거쳐 해당 분야의 지식 발전에 기여할 수 있다.

실무 중심 저널(practitioner journal)
교육 현장이나 실천적 적용이 중요한 연구는 실무자 대상 저널에 게재함으로써 교육 현장에 직접적 영향을 줄 수 있다.

학술대회 발표(conference presentations)
학술대회 발표는 비교적 접근이 쉽고, 동료 연구자들과의 직접적 소통 및 즉각적 피드백을 받을 수 있는 효과적인 방법이다.

단행본 출판(book publication)
대규모, 장기 연구나 특정 주제를 심도 있게 다루고자 할 때 단행본 출판은 영향력 확대의 중요한 수단이 될 수 있다. 단, 논문을 단행본으로 출간할 경우에는 자기 표절 문제가 없도록 충분히 수정해야 한다.

블로그 및 소셜미디어
블로그, 소셜미디어, 뉴스레터 등은 학문 공동체 외부의 대중과 소통할 수 있는 새로운 확산 채널이다. 이는 대중과의 소통 능력을 강화하는 데도 도움이 된다.

협업 및 네트워킹(collaboration and networking)
연구 확산의 과정에서 다양한 연구자, 실무자와의 협업 및 네트워킹이 자연스럽게 이루어지며, 이는 장기적 연구 역량 및 학문적 명성 구축에 이바지한다.

논문을 특정 확산 채널의 특성에 맞게 재작성하고 수정하는 과정 또한 결코 간단하지 않다. 그러나, 이러한 과정은 전문 연구자이자 학술적 저자로서의 역량을 한층 더 성장시키는 중요한 계기임을 인식해야 한다. 연구자로서 연구의 사회적·학문적 책임을 다한다는 자세로, 자신의 연구 성과를 다양한 경로를 통해 적극적으로 공유하고 확산할 수 있도록 노력해야 한다.

성찰 질문

본 장에서 논의된 다양한 연구 확산 채널의 특성을 비교해보자. 본인이 향후 시도해보고자 하는 연구 확산 채널은 무엇인가? 선택한 채널의 주요 장점과 잠재적 단점에는 어떤 것들이 있는가?

학자이자 연구자로서, 궁극적으로 어떠한 영향력과 학무적 기여를 실현하고 싶은가? 그와 같은 목표를 추구하는 이유는 무엇이라고 생각하는가?

PART 3 : 연구 및 학술적 영어 글쓰기 심화

16장. 연구자 역량 개발

16장. 연구자 역량 개발

도입 질문

- 평생 학습자가 된다는 것은 어떤 의미인가?
- 지금까지 살아오면서 자신이 개발해 온 역량이나 기술에는 어떤 것들이 있는가?

학습 목표

- 자신의 연구를 바탕으로 앞으로의 계획과 진로를 구체적으로 그려본다.
- 학술적 글쓰기와 연구 역량을 개발하면서 새롭게 얻게 된 능력들을 점검해 본다.

이번 챕터에서는 1장에서 언급한 학술적 글쓰기 역량이 여러분의 개인적, 직업적 성장에 어떻게 기여하는지 다시 한번 살펴보고자 한다. 연구 및 논문 작성 과정을 통해 길러지는 학술적 글쓰기 능력은 다양한 측면에서 여러분의 전인적 성장에 중요한 역할을 한다. 자신이 개발해온 역량을 인식하는 것은 평생 학습자이자 연구자, 학자, 교육자로서 역량 개발의 여정을 이어가게 해준다.

자신의 성장 여정 되돌아보기

'성찰'이라는 용어와 활동은 이 책 전체, 그리고 아마도 여러분의 학술적 글쓰기 여정 곳곳에서 빈번하게 등장한다. 성찰은 중요한 역량일 뿐만 아니라, 평생 성장과 발전, 학습을 지향하게 해주는 매우 효과적인 도구이다.

아래의 질문들은 여러분이 지금까지 걸어온 길을 되돌아보고, 앞으로의 구체적인 계획을 세우는 데 도움이 될 수 있다.

대학원 수준의 수업을 수강하면서 어떤 교훈을 얻었는가?
현지 교육 현장과 교육 공동체에 대해 새롭게 알게 된 점은 무엇이며, 이것이 본인의 연구에 어떤 영향을 미쳤는가?
학술 연구와 연구자 커뮤니티에 직접적으로 노출되면서 어떤 동기나 영감을 받았는가?
스트레스가 많거나 도전적인 순간들을 어떻게 극복했는가?
영어로 된 학술 논문이나 저술에 익숙해지면서, 본인의 학자적 정체성이나 글쓰기에 어떤 변화가 있었는가?
학술적 소통이나 교류를 통해 어떤 문화적 규범이나 관행을 새롭게 발견했는가?
학계 내에 존재하지만 아직 명확히 드러나지 않은 암묵적인 규범이나 관행에는 무엇이 있다고 생각하는가?
학술적 글쓰기와 연구 과정을 통해 어떤 배움을 얻었는가?
여러분의 분야에서 신진 연구자나 예비 학자들에게 조언해주고 싶은 내용은 무엇인가?
시간이 지나면서 교육 분야 및 관련 사회 문제에 대한 본인의 이해가 어떻게 변화했나?
여전히 해결이 필요하다고 느끼는 교육적·사회적 문제는 무엇인가?
앞으로 개인적, 직업적 성장을 위해 더 개발해야 할 역량이나 지식은 무엇이라고 생각하는가?

전문성 및 역량의 확장과 개발

이제 본격적인 학문적 여정의 출발점에서, 자신의 전문성 및 역량을 어떻게 확장하고 발전시킬 수 있을지 논의해보고자 한다. 앞으로 선택할 진로와 상관없이, 그동안 쌓은 경험과 지식, 역량을 어떻게 효과적으로 활용할 수 있는가?

전문성 확장하기

대학원 또는 박사 학위 취득 후에는 다양한 연구 및 진로의 기회가 열려 있다. 특히 STEM(과학·기술·공학·수학) 분야에서는 대학원 이후 산업계 진출이 흔하지만, 인문·사회과학 분야는 진로 선택지가 제한적이라고 느껴질 수 있다. 그러나 전공이나 학문 분야와 무관하게, 모든 영역이 사회 변화에 맞춰 끊임없이 진화하고 있기에, 여러분이 전문성을 확장할 수 있는 기회는 무궁무진하다.

학계 진출을 선택하는 경우, 흔히 자신의 논문 주제에만 집중해야 한다고 생각할 수 있다. 예를 들어, 김현진 교수는 교사교육과정에서 언어교사 정체성 형성을, 이용직 교수는 교사교육에서 언어교사의 자기 효능감에 초점을 맞추어 연구를 진행했다. 이러한 연구 주제도 매우 의미 있지만, 저자들은 급격한 사회 변화와 다양한 이슈로 인해 전문성을 확장할 필요성을 인식하게 되었다. 저출산과 교직의 사회적 가치 하락으로 교사교육 분야는 점차 위축되고 있으며, 대학 진학률 감소와 더불어 교육 현장의 변화가 두드러지고 있다. 더불어 교육기술의 발달은 기술을 접목한 교육연구의 필요성을 높였다. 이에 두 저자는 지식, 연구 분야, 전문성을 확장하는 기회를 적극적으로 모색하게 되었다.

학계 밖의 진로를 택한 경우에도 수많은 기회가 있다. 여러 동료들은 학교에서 직접 학생을 가르치거나 교사 연수 및 전문성 개발 프로그램을 개발하며 실천 현장에 가까이 머물렀다. 또 다른 동료들은 대학에서 교육 원리를 K-12 현장에 적용하는 방법을 모색하며 고등교육기관에서 경력을 쌓았다. 이처럼 전공이나 연구 주제에 상관없이 다양한 진로가 열려 있으며, 이를 위해 대학원 과정에서 개발한 전이 가능한 역량(transferable skills)을 적극적으로 어필하는 것이 중요하다.

전이 가능한 역량 개발하기

학술적 글쓰기와 연구 역량을 개발하는 과정에서, 동시에 다양한 전이 가능한 역량이 함께 성장한다. 전이 가능한 역량이 무엇인지 알고, 실제로 어떤 역량이 기업 및 기관에서 선호되는지 파악한다면, 본인의 이력서(CV)를 효과적으로 강화하고 더 매력적인 인재로 거듭날 수 있다. 신진 학술 연구자와 예비 학자가 대학원 과정을 거치며 키울 수 있는 역량에는 다음과 같은 것들이 있다.

> 프로젝트 관리 및 데이터 조직
> 감독 및 코칭
> 의사소통 능력
> 언어에 대한 메타 인식
> 리더십 및 팀 빌딩
> 창의적 문제 해결력
> 귀납적·연역적 추론
> 행정 업무 처리
> 학습관리시스템(LMS) 활용 능력
> 대중 연설 및 프레젠테이션 역량
> 컨설팅 및 자문, 인터뷰 능력
> 멀티태스킹과 시간 관리
> 그래픽 디자인 등

기업 및 기관에서 선호하는 전이 가능한 역량으로는 다음과 같은 항목이 있다.

> 문제 해결력, 분석적 사고력, 비판적 사고력
> 리더십, 적응력, 팀워크
> 서면 및 구두 의사소통 능력, 자신감
> 비언어적 소통, 능동적 경청
> 창의성, 세부사항에 대한 주의력, 조직력, 관계 구축 능력
> 컴퓨터 활용 능력, 관리 역량, 협업 능력, 자기 인식
> 갈등 조정, 인내심, 대인 관계, 목표 설정, 의사결정, 공감 능력
> 평가 및 자기 동기 부여 능력, 기술 문해력, 프로세스 개선 등

위에 언급된 항목 외에도, 여러분은 연구와 논문 작성 과정에서 더 많은 역량을 자연스럽게 습득했을 것이다. 이처럼 자신이 길러온 역량을 인식하고 체계적으로 기록해 두면, 단순히 학위를 취득하는 것 이상의 성과를 이력서에 부각시킬 수 있으며, 이는 앞으로의 진로에서 큰 자산이 될 것이다.

성찰 질문

앞으로 자신의 경험과 지식을 어떻게 활용할 것인지 고민해보자. 어떠한 진로를 고려하고 있는가? 학술적 글쓰기 및 연구 경험을 어떻게 확장해갈 수 있는가?

대학원 과정을 통해 자신이 개발한 전이 가능한 역량에는 무엇이 있는가? 앞으로 더 발전시키고 싶은 역량은 무엇인가?

참고문헌

참고문헌

Alferink, L. A., & Farmer-Dougan, V. (2010). Brain-(not) based education: Dangers of misunderstanding and misapplication of neuroscience research. Exceptionality, 18(1), 42–52.

Apple, M. (2001). Comparing neo-liberal projects and inequality in education. Comparative Education, 37(4), 409–423.

Athanases, S. Z., Banes, L. C., & Wong, J. W. (2015). Diverse language profiles: Leveraging resources of potential bilingual teachers of color. Bilingual Research Journal, 38(1), 65–87.

Athanases, S. Z., & Wong, J. W. (2018). Learning from analyzing linguistically diverse students' work: A contribution of preservice teacher inquiry. The Educational Forum, 82(2), 191–207.

Bacon, C. K. (2017). Multilanguage, multipurpose: A literature review, synthesis, and framework for critical literacies in English language teaching. Journal of Literacy Research, 49(3), 424–453.

Bartolome, L. I. (1994). Beyond the methods fetish: Toward a humanizing pedagogy. Harvard Educational Review, 64(2), 173–195.

Bartolome, L. I. (1996). Beyond the methods fetish: Toward a humanizing pedagogy. In P. Leistyna, A. Woodrum, & S. A. Sherblom (Eds.), Breaking free: The transformative power of critical pedagogy (pp. 229–252). Harvard Educational Review.

Beauchamp, C., & Thomas, L. (2009). Understanding teacher identity: An overview of issues in the literature and implications for teacher education. Cambridge Journal of Education, 39(2), 175–189.

Butzkamm, W. (2011). Why make them crawl if they can walk? Teaching with mother tongue support. RELC Journal, 42(3), 379–391.

Canagarajah, S., & Ashraf, H. (2013). Multilingualism and education in South Asia: Resolving policy/practice dilemmas. Annual Review of Applied Linguistics, 33, 1–20.

Cardona Moltó, M. C., Florian, L., Rouse, M., & Stough, L. M. (2010). Attitudes to diversity: A cross-cultural study of education students in Spain, England and the United States. European Journal of Teacher Education, 33(3), 245-264.

Creswell, J. W. (2013). Research design: Qualitative, quantitative, and mixed methods approaches (4th ed.). SAGE Publications.

Creswell, J. W. (2015). A concise introduction to mixed methods research. SAGE Publications.

Creswell, J. W., & Poth, C. N. (2018). Qualitative inquiry and research design: Choosing among five approaches (4th ed.). SAGE Publications.

Dana, N. F., Yendol-Hoppey, D., & Snow-Gerono, J. (2006). Deconstructing inquiry in the professional development school: Exploring the domains and contents of teachers' questions. Action in Teacher Education, 27(4), 59-71.

Daniel, S. M. (2014). Learning to educate English language learners in pre-service elementary practicums. Teacher Education Quarterly, 41(2), 5-28.

Daniel, S. M., & Pray, L. (2017). Learning to teach English language learners: A study of elementary school teachers' sense-making in an ELL endorsement program. TESOL Quarterly, 51(4), 787-819.

de Oliveira, L. C. (2016). A language-based approach to content instruction (LACI) for English language learners: Examples from two elementary teachers. International Multilingual Research Journal, 10(3), 217-231.

Denzin, N. K., & Lincoln, Y. S. (Eds.). (2017). The SAGE handbook of qualitative research (5th ed.). SAGE Publications.

Dinham, J., Chalk, B., Beltman, S., Glass, C., & Nguyen, B. (2017). Pathways to resilience: How drawings reveal pre-service teachers' core narratives underpinning their future teacher-selves. Asia-Pacific Journal of Teacher Education, 45(2), 126-144.

Fang, Z., & Wang, Z. (2011). Beyond rubrics: Using functional language analysis to evaluate student writing. Australian Journal of Language & Litcracy, 34(2), 147 165.

Golombek, P., & Doran, M. (2014). Unifying cognition, emotion, and activity in language teacher professional development. Teaching and Teacher Education,

39, 102-111.

Gomez, M. L., Rodriguez, T. L., & Agosto, V. (2008). Life histories of Latino/a teacher candidates. Teachers College Record, 110(8), 1639-1676.

Harford, J. (2010). Teacher education policy in Ireland and the challenges of the twenty-first century. European Journal of Teacher Education, 33(4), 349-360.

Harvard Catalyst. (2022). Mixed methods research. https://catalyst.harvard.edu/community-engagement/mmr/

Hawkey, K. (2006). Emotional intelligence and mentoring in pre-service teacher education: A literature review. Mentoring & Tutoring, 14(2), 137-147.

Hilliker, S., & Laletina, A. (2018). What do mainstream teachers think, know, and think they know about English language learners? NYS TESOL Journal, 5(1), 30-50.

Hoy, W. K., & Adams, C. M. (2016). Quantitative research in education: A primer. SAGE Publications.

Kavanagh, S. S., & Rainey, E. C. (2017). Learning to support adolescent literacy: Teacher educator pedagogy and novice teacher take up in secondary English language arts teacher preparation. American Educational Research Journal, 54(5), 904-937.

Lucas, T., Strom, K., Bratkovich, M., & Wnuk, J. (2018). Inservice preparation for mainstream teachers of English language learners: A review of the empirical literature. The Educational Forum, 82(2), 156-173.

Makalela, L. (2015). Translanguaging as a vehicle for epistemic access: Cases for reading comprehension and multilingual interactions. Per Linguam: A Journal of Language Learning, 31(1), 15-29.

Narvaez Trejo, O. M., & Heffington, D. (2011). Exploring teachers' perceptions of their role in the EFL classroom: Some considerations. In Memorias del VI foro de estudios en lenguas internacional (FEL 2010).

North, C. E. (2006). More than words? Delving into the substantive meaning(s) of "social justice" in education. Review of Educational Research, 76(4), 507-

535.

Pugh, M. (2004). Peacekeeping and critical theory. International Peacekeeping, 11(1), 39-58.

Pulitano, E. (2013). In liberty's shadow: The discourse of refugees and asylum seekers in critical race theory and immigration law/politics. Identities, 20(2), 172-189.

SAGE Research Methods. (2022). Methods map. https://methods.sagepub.com/methods-map

Sahlberg, P. (2011). PISA in Finland: An education miracle or an obstacle to change? CEPS Journal: Center for Educational Policy Studies Journal, 1(3), 119.

Shafiq, M. N., & Ross, K. (2010). Educational attainment and attitudes towards war in Muslim countries contemplating war: The cases of Jordan, Lebanon, Pakistan, and Turkey. Journal of Development Studies, 46(8), 1424-1441.

Short, D. J., Fidelman, C. G., & Louguit, M. (2012). Developing academic language in English language learners through sheltered instruction. TESOL Quarterly, 46(2), 334-361.

Villegas, A. M., SaizdeLaMora, K., Martin, A. D., & Mills, T. (2018). Preparing future mainstream teachers to teach English language learners: A review of the empirical literature. The Educational Forum, 82(2), 138-155.

Zeichner, K. (2010). Rethinking the connections between campus courses and field experiences in college- and university-based teacher education. Journal of Teacher Education, 61(1-2), 89-99.

맺음말

이 책의 결론을 맺으며, 저자들은 개인적 경험담과 더불어 이 책이 학생들에게 미칠 수 있는 긍정적 영향을 조망하고자 한다. 저자들은 그동안 일부 대학원생들이 연구 및 글쓰기의 중요성을 간과한 채, 학위를 조속히 취득하는 데만 몰두하는 모습을 자주 목격해 왔다. 이러한 접근은 결과적으로 연구의 깊이와 개인적·전문적 성장의 기회를 희생하게 만들 수 있다. 대학원생과 신진 연구자들이 빠른 성과를 압박받는 현실은 결코 드문 일이 아니다. 이는 때로 편법을 유도하고, 연구의 수준을 타협하게 하는 결과로 이어질 수 있다.

저자들 역시 대학원에 재학 시절, "좋은 학위논문은 완성된 학위논문이다"라는 조언을 여러 번 들었다. 물론, 학문적 여정의 초기에는 불완전함을 인정할 필요가 있다. 그러나 '완성'에 이르는 과정 자체가 학문적 엄격성과 진정성, 그리고 성실함의 원칙을 견지해야 함을 간과해서는 안 될 것이다.

논문 완성이라는 도전적 여정 속에서, 저자들 역시 속도와 완성 중 어느 쪽에 더 무게를 둘지 고민하며 유혹에 직면했던 경험이 있다. "해치우기"식의 접근이 빠른 성과를 가져다 줄 수는 있으나, 학문적 우수성과 자기 성찰 사이의 균형을 추구하는 것이 훨씬 더 중요함을 이 책을 통해 강조하고자 한다. 또한 연구와 학술적 글쓰기의 모든 단계에서, 호기심을 잃지 않고 문제 해결 중심의 사고를 길러야 함을 강조한다. 이는 전문적·개인적 성장의 자산이자, 평생 지속 가능한 전이 가능한 역량 개발로 이어질 수 있다.

창의적이고 영향력 있는 연구 수행은 결코 쉽지 않으며, 좌절과 비판적 피드백으로 이 과정이 지속될 수 있다. 자신의 연구와 글쓰기에 대한 애착은 자연스러운 일이지만, 때로는 방향 전환이 불가피하다는 점도 받아들여야 한다. 이러한 과정을 견디고 극복하는 과정에서, 다른 누구와도 차별화되는 문제 해결력, 비판적 사고력, 그리고 분석적 사고력을 갖추게 된다. 저자들은 이러한 과정이 연구자로서의 성장을 위한 필수적 경험이라고 생각한다.

저자들은 대학원생들과 신진 연구자들이 학문적·전문적 성장의 여정에 있어 성찰과 탐구의 기회를 갖기를 간절히 바란다. 본 교재에서 제안한 지침과 원칙을 본인의 연구와 글쓰기에 적극적으로 적용함으로써, 진정성 있는 학문적 태도를 함양할 수 있기를 기대한다.

학술적 글쓰기와 연구 역량을 체계적으로 개발하는 과정은 독립적 연구자, 글로벌 학자, 그리고 미래의 학문적 리더로 성장하는 데 중요한 변곡점이 될 것이다. 학습의 과정을 기꺼이 받아들이고, 이를 통해 얻는 지식과 역량이 향후 개인적·전문적 성취의 든든한 기반이 될 수 있다.

저자들의 바람은, 이 책이 대학원생들의 단순한 논문 완성을 넘어, 연구와 학술적 글쓰기가 지닌 본질적 가치와 기쁨을 진심으로 이해하고, 미래의 학문 공동체에 긍정적이고 지속적인 기여를 실현하는 데 작은 이정표가 되기를 희망한다. 연구와 학술적 글쓰기를 두 축으로 삼아, 보다 깊이 있는 지식 창출과 공유에 앞장서길 기대한다.

각자의 연구실에서

국립창원대학교 이용직

미국 웨스턴미시간대학교 김현진

초판 1쇄 인쇄 2025년 10월 02일
초판 1쇄 발행 2025년 10월 27일

저자 이용직, 김현진
펴낸곳 비티인사이트
발행자번호 9994049
주소 전북 전주시 서신동 780-2 3층
대표전화 063 277 3557
팩스 063 277 3558
이메일 bpj3558@naver.com
ISBN 979-11-994488-1-0 (13740)

이 도서의 국립중앙도서관 출판예정도서목록(CIP)은 서지정보유통지원시스템홈페이지
(http://seoji.nl.go.kr)와국가자료공동목록시스템 (http://www.nl.go.kr/kolisnet)에서 이용하실 수 있습
니다.